공정한
기회:
모두에게
열리는 문

공정한 기회:
모두에게 열리는 문

초판 1쇄 발행 2025. 4. 11.

지은이 장철길
펴낸이 김병호
펴낸곳 주식회사 바른북스

편집진행 황금주
디자인 김효나

등록 2019년 4월 3일 제2019-000040호
주소 서울시 성동구 연무장5길 9-16, 301호 (성수동2가, 블루스톤타워)
대표전화 070-7857-9719 | **경영지원** 02-3409-9719 | **팩스** 070-7610-9820

•바른북스는 여러분의 다양한 아이디어와 원고 투고를 설레는 마음으로 기다리고 있습니다.
이메일 barunbooks21@naver.com | **원고투고** barunbooks21@naver.com
홈페이지 www.barunbooks.com | **공식 블로그** blog.naver.com/barunbooks7
공식 포스트 post.naver.com/barunbooks7 | **페이스북** facebook.com/barunbooks7

ⓒ 장철길, 2025
ISBN 979-11-7263-306-6 03300

•파본이나 잘못된 책은 구입하신 곳에서 교환해드립니다.
•이 책은 저작권법에 따라 보호를 받는 저작물이므로 무단전재 및 복제를 금지하며,
 이 책 내용의 전부 및 일부를 이용하려면 반드시 저작권자와 도서출판 바른북스의 서면동의를 받아야 합니다.

" 공정한 기회:

MZ 청년과 함께하는
한국 사회에 대한 담론

모두에게
열리는 문"

장철길
지음

{ "공정한 기회, 우리의 꿈" }
모두가 함께 만드는 공정한 세상

바른북스

머리말

　공정사회와 혁신은 자유 민주사회를 지탱하는 2개의 중요한 기둥이다. 이 책은 공정과 혁신을 통해 대한민국을 보다 나은 사회로 만들기 위한 다양한 방안을 제시한다. 공정한 사회는 모든 구성원이 동등한 기회를 가지고, 공정한 대우를 받는 사회를 말한다. 이는 사회적 가치와 윤리적 기준을 바탕으로 한 정책과 제도를 통해 실현될 수 있다. 반면, 혁신 사회는 지속적인 발전과 성장을 추구하는 사회로, 창의성과 도전 정신을 바탕으로 새로운 아이디어와 기술을 도입하여 사회적 가치를 창출한다.

　제1장에서는 공정한 사회의 개념과 그 중요성에 대해 다룬다. 한국 사회가 공정한 사회로 나아가는 데 필요한 정책과 제도를 제시하며, 조선시대의 불공정한 사회 모습을 통해 현재의 사회문제의 밑바탕을 생각해 본다. 또한 국가가 실패하는 이유를 밝히고 공정한 사회를 위한 다양한 정책들을 제안한다. 로스쿨 제도, 대학입시 제도, 노동의 이중구조 등 구체적인 사례를 통해 공정한 사회를 위한 방안을 찾아본다.

　제2장에서는 혁신적인 사회의 개념과 그 중요성에 대해 다룬다. 혁신의 열매는 국민의 삶을 풍요롭게 하고, 지속 발전하는 사회의 원동력이다. 그러나 혁신을 추진하는 것은 의외로 쉽지 않은 일이다. 한국

을 혁신적인 사회로 만들기 위한 실행 과제를 정부, 교육, 기업 세 가지 측면에서 제시한다. 정부의 씀씀이를 줄이고, 공무원의 전문성을 강화하며, 부동산 투기를 억제하고, 원화의 국제화와 국제투자은행의 육성과 기업 인수합병을 활성화해서 혁신을 추진해야 할 당위성과 그 방안을 제시한다. 또한 교육시스템을 혁신하는 창의적인 방법을 제안한다. 이공계 대학교육의 실험 실습을 강화하고, 초중고 교실에서의 창의수업과 수월성 교육을 강화해야 하는 방안을 소개한다. 기업은 혁신과 성취의 과정을 통해 기업가정신을 발휘해야 하고, 사회 변화를 이끌어야 한다. 혁신기업의 사례를 통해 배우고 적용할 점도 제시한다.

제3장에서는 중산층과 함께하는 더 나은 사회 만들기에 대해 다룬다. 중산층은 경제적 안정과 성장, 사회적 공정성, 정치적 안정을 위해 중요한 역할을 한다. 중산층을 성장시키는 정책과 전략을 제시하며, 성공 사례와 도전 과제를 통해 더 나은 사회를 만들기 위한 방안을 모색한다.

이 책은 공정사회와 혁신을 통해 보다 나은 사회를 만들기 위한 다양한 방안을 제시해서 독자들이 이 책을 통해 공정과 혁신의 중요성을 깨닫고, 보다 나은 사회를 만들기 위한 실천적인 방안을 이해하는 데 도움이 되기를 바란다.

목차 머리말

제1장.
공정한 사회

공정의 사회적 가치	11
한국은 공정한 사회인가?	14
– 선관위(선거관리위원회)의 채용 비리	14
– 인국공(인천국제공항공사)의 불공정한 채용	20
– 동계올림픽 여자하키 남북 단일팀 구성 문제	22
불공정한 조선의 모습	27
국가는 왜 실패하는가?	40
공정한 사회를 위한 정책	43
– 로스쿨에 대해서	43

변호사 예비시험 제도 도입의 필요성 45
변호사 예비시험 제도 도입의 긍정적 효과 49

– 수시냐 정시냐	51

대학 입시(수시) 비리 근절을 위한 대책들 55

– 노동의 이중구조	57

노동의 이중구조 해소를 위한 사회적 대타협이 이 시대의 요구 61
연공서열식 급여체계를 담당 직무별 급여체계로 바꾸어야 62

– 외국인 근로자제도	63

생산성 떨어지는 외국인에게 내국인과 같은 대우는 내국인에 대한 역차별 63
귀국 외국인 근로자에게 지급하는 국민연금 일시금 문제 66

제2장.

 혁신

혁신의 의미와 사회적 가치　　　　　　　　　　　　　69
'혁신'은 어디서 오는가?　　　　　　　　　　　　　　71
혁신적인 국가 지도자의 파급효과　　　　　　　　　　81
혁신을 추진하는 것이 쉽지 않은 이유　　　　　　　　84
　- 의대 증원과 연관된 갈등의 해결 방법　　　　　　86
　　의료 시스템의 개선 86 | 의료 교육 환경 개선 86 | 국민과의 소통 강화 87

한국을 혁신 사회로 만들기 위한 정책　　　　　　　　88
　- 정부　　　　　　　　　　　　　　　　　　　　88
　　나라의 씀씀이를 줄여야 하는 이유 88 | 공무원의 전문성을 강화해야 94
　　부동산 투기를 억제해야 101 | 원화의 국제화와 국제투자은행의 육성 107
　　원화 국제화의 좋은 점 112

　- 교육시스템　　　　　　　　　　　　　　　　　121
　　이공계 대학교육의 실험 실습을 강화해야 121 | 초중고 교실에서의 창의수업 강화 124
　　수월성 교육 강화 134

　- 기업　　　　　　　　　　　　　　　　　　　　137
　　반도체 특별법(주 52시간 근무 예외 적용) 139 | 모든 제조업에서 '연구개발직'의 핵심
　　요원은 주 52시간 근무 예외를 허용해야 147 | 제조 현장 설비의 최적화 배치 157

　　기업가정신 : 유한양행 유일한 박사 166
　　현대그룹 정주영 회장 170
　　삼성그룹 이병철 회장 174
　　동원그룹 김재철 회장 179
　　한진그룹 조중훈 회장 184
　　한화그룹 김종희 회장 190
　　셀트리온 서정진 회장 195

제3장.
중산층을 늘려서 잘사는 사회 만들기

중산층, 왜 주목해야 하나?	201
− 중산층은 공정사회와 혁신을 이끄는 주인공	201
− 중산층은 자유민주주의체제의 버팀목	203
자유민주주의와 사회주의, 어느 정치체제가 국민을 더 행복하게 할 것인가? 203	
− 자본주의 경쟁체제의 실패와 대안의 필요성	210
대외순자산과 국제수지 발전 단계	219
− 제1단계: 미성숙한 채무국	220
− 제2단계: 성숙한 채무국	221
− 제3단계: 미성숙한 채권국	222
− 제4단계: 성숙한 채권국	224
− 제5단계: 채권 매도국	225

중산층 확대 정책   228

– 좋은 일자리 창출은 중산층을 키우는 지름길   229
외국인 투자 유치 확대 방안 231

– 중산층 확대를 위한 재정 확보 방안   233
대외순자산을 활용한 주거 복지에 투자(제안) 234 | 목적세(가칭: 국민주택복지기금)의 신설과 의의 235 | '국민주택복지기금'으로 서민의 주거 마련에 금리 지원 236 | '국민주택복지기금'의 활용법 239 | 경상수지 흑자를 나라 밖으로 퍼내야 하는 이유 241 | 식량과 에너지 분야 243 | 기업 인수합병의 활성화 246

결론: 공정한 사회와 혁신의 미래   252

부록: 저자 이야기   255

공정한 사회

공정의
사회적 가치

'공정'은 민주주의 사회에서 정말 중요한 가치이다. 공정이란 모든 사람이 똑같은 기회와 대우를 받아서 누구나 공평하게 경쟁할 수 있는 환경을 만드는 것을 말한다. 이러한 '공정'이 가진 주요한 사회적인 가치는 다음과 같다.

평등과 공평: 공정은 모든 사람이 똑같은 권리와 기회를 가질 수 있게 해준다. 이것은 법, 경제, 사회 모든 부분에서 적용된다. 평등한 기회는 개인의 능력과 노력에 따라 성취할 수 있는 환경을 만들어 주고, 이는 사회적 불평등을 줄이며 공정한 경쟁을 가능하게 한다.

신뢰와 연대: 공정한 사회는 사람들이 서로를 신뢰하고 함께 일하

는 분위기를 만들 수 있다. 서로를 신뢰하고 협력하는 분위기는 사회적 갈등을 줄이고 공동체 의식을 높이는 데 중요한 역할을 한다.

법치주의와 정의: 공정은 법과 밀접한 관계가 있다. 공정한 법과 제도를 통해 모든 사람이 똑같이 대우받는 사회를 만들 수 있고, 이것은 정의로운 사회를 만드는 데 필수적이다.

경제적 번영: 공정한 경제 구조는 민주주의 사회의 경제성장을 보장한다. 공정한 경쟁 환경은 기업 간의 혁신과 성장으로 이끌어 경제발전과 일자리 창출로 이어지고 또한, 공정한 분배는 사회 불만을 줄이고 경제적인 안정을 가져다준다.

사회적 이동성과 포용성: 공정은 사회적 이동성을 촉진하고, 모든 사람이 참여하는 사회를 만들게 되어 그러한 사회나 국가는 외부의 적과의 싸움에서도 능히 이길 수 있다. 이는 교육, 건강, 주거 등 기본적인 사회서비스를 공평하게 제공함으로써 실현될 수 있다. 공정한 사회에서는 누구나 자신의 잠재력을 최대한으로 발휘할 수 있으므로 포용적인 사회가 된다.

사회정의와 윤리: 공정은 사회정의와 윤리 가치를 실현하는 데 중요한 역할을 한다. 약자와 소외된 사람들에게도 똑같은 기회를 제공하며, 이는 인권과 존엄성을 보장하는 윤리에 바탕을 두기 때문에 모든 사람에게 안정감을 주고 도덕적인 성장으로 이끌어 준다.

정치 안정과 민주주의의 강화: 공정한 정치제도는 민주주의 사회의 정치적인 안정을 보장한다. 공정한 선거와 투표 과정은 민주주의의 근간을 이루며, 국민의 의사를 반영하고 정치적 대표성을 확보하는 데 중요하다. 또한, 공정한 정치제도는 부패와 권력 남용을 막아 국민이 정치에 대한 신뢰를 쌓는 데 도움을 준다.

문화적 다양성과 통합: 공정은 문화적 다양성을 존중하고 통합하는 데 중요한 역할을 한다. 다양한 문화와 가치관을 포용하는 사회는 창의성과 혁신을 촉진하며, 이는 사회적 발전과 풍요로 이어진다. 공정한 사회에서는 문화적 차이를 존중하여 평화롭고 조화로운 사회를 만들어 낸다.

결론적으로, '공정'은 민주주의 사회에서 매우 중요한 가치이다. 이는 평등과 공평, 신뢰와 연대, 법치주의와 정의, 경제적 번영, 사회적 이동성과 포용성, 사회적 정의와 윤리적 가치, 정치적 안정과 민주주의의 강화, 문화적 다양성과 통합 등의 측면에서 다양한 가치를 실현한다.

이러한 공정은 정의롭고 번영하는 사회를 만드는 데 필수적인 요소가 되어 이를 통해 모든 사람이 행복하고 만족스러운 삶을 살 수 있는 환경을 만들어 준다. 이처럼 공정의 가치는 민주주의 사회에서 지속 가능한 발전과 사회적 통합을 이루는 데 중요한 역할을 해서 궁극적으로 모든 사람의 삶의 질을 향상시킨다.

한국은 공정한 사회인가?

선관위(선거관리위원회)의 채용 비리

공정한 기회는 모든 국민의 소망인데 현실로 이루어지기가 쉽지 않다. "모든 국민은 법 앞에 평등하다."고 헌법 11조에 보장되어 있음에도 불구하고 이를 비웃듯이 청년의 일자리를 부정한 방법으로 빼앗아 가는 선관위의 부패한 공무원들도 있다.

감사원은 선관위 전·현직 직원 27명의 부정 채용 의혹을 수사해 달라고 검찰에 수사를 요청한 바 있으며, 현재 관련 수사가 진행 중이다. 감사원은 2023년 5월 선관위의 친·인척 채용 비리 의혹이 터진

뒤 감사관 51명을 투입해 선관위에 대해 현장 감사를 했다.

2013년 이후 10년간의 각 지역선관위가 실시한 291회 경력 채용 전수조사 결과 모든 채용이 법령 위반이었으며 878건이 넘는 법 위반이 있었다고 한다. 선관위 간부들이 인사 담당자에게 거리낌 없이 연락하여 본인의 가족 채용을 청탁한 것으로 드러났다.

사례를 들자면, 2018년 중앙선관위 모(某) 전(前) 사무차장은 충북선관위 담당자에게 전화해 자기 딸을 충북 단양의 선관위 경력직 공무원으로 추천해 달라고 부탁했고, 2019년에는 중앙선관위 모(某) 전(前) 사무총장은 자기 아들이 강화의 선관위에 채용되도록 부정하게 영향력을 행사했다. 선관위 인사 담당자들이 청탁자의 가족을 위법하게 합격시킨 방법도 다양했다. 채용 공고 없이 선관위 자녀를 내정하거나, 친분이 있는 내부 직원으로 시험위원을 구성하기도 하고 면접 점수 조작이나 서류를 변조하는 등 갖가지 방법을 동원하였다. 채용 비리 관련자들은 감사 과정에서 자료를 파기하거나 허위 진술을 강요하는 등 증거 인멸과 사실을 은폐한 것도 다수 확인되었다. 가령 중앙선관위는 국회에서 소속 직원들의 친인척 현황 자료를 요구하자 "정보를 별도로 관리하지 않고 있다."라고 여러 차례 허위 답변 자료를 제출했다. 감사 과정에서 특혜 채용 관련자는 "과거 선관위가 경력직 채용을 할 때 믿을만한 사람을 뽑기 위해 친인척을 채용하는 전통이 있었다."고 답변하기도 했다. 2021~2022년 경력 경쟁 채용 당시 선관위 인사 담당자 등도 선관위를 '가족회사'라고 지칭하며 "선관위는 가족회사다." "친인척 채용은 선관위 전통이다." 선관위가 세습되고 있었다는 사실에 아연실색할 지경이다. 이렇게 부정한 인사 청탁으로 머리부터 발끝까지 썩은 선관위는 해체되어야 마땅하다.

대한민국 헌법 제11조 제1항은 "모든 국민은 법 앞에 평등하다. 누구든지 성별, 종교 또는 사회적 신분에 의하여 정치적, 경제적, 사회적, 문화적 생활의 모든 영역에서 차별을 받지 아니한다."고 규정하고 있다. 이는 공공기관이 국민에게 동등한 기회를 제공해야 함을 강조하는 기본 원칙이다. 그러나 선관위의 채용 비리는 이러한 평등 원칙을 명백히 위반하며, 국민에게 공공기관의 공정성과 투명성에 대한 신뢰를 심각하게 훼손한 범죄 행위 그 자체이다.

또한 국가공무원법 제28조(신규채용)에 보면 공무원의 임용에 있어 "공개경쟁 채용 시험"을 통해야 하며, 모든 과정에서 공정성이 보장되어야 한다고 규정하고 있다. 그리고 공직자윤리법 제2조 2(이해충돌 방지 의무)의 3항에 보면 "공직자는 공직을 이용하여 사적 이익을 추구하거나 개인이나 기관·단체에 부정한 특혜를 주어서는 아니 되며, 재직 중 취득한 정보를 부당하게 사적으로 이용하거나 타인으로 하여금 부당하게 사용하게 하여서는 아니 된다."고 명시되어 있다. 이는 공직자의 청렴성과 공정성을 강조하며, 직권을 남용하거나 사적인 이익을 도모하는 행위를 금지하는 것이다.

그러나 선관위는 특정 친인척의 부정 채용을 위해 채용 공고 없이 내정자를 정하거나, 시험위원을 친분 있는 인사로 구성하며, 면접 점수를 조작하는 등 위법한 행위를 저질렀다. 이는 공직자윤리법 및 국가공무원법을 명백히 위반한 행위로서 이에 대해 형법 제225조(공문서 등의 위조와 변조)는 공문서 변조죄를 10년 이하의 징역에 처한다고 규정하고 있고, 제229조(위조 등 공문서의 행사)는 변조된 공문서를 행사한 자에 대해 처벌을 규정하고 있다.

선관위의 일부 직원들이 서류를 변조하고 면접 점수를 조작하는 과정은 형법상 공문서 변조 및 행사죄에 해당할 가능성이 높고, 채용 비리 과정에서 증거 인멸이나 허위 진술을 강요한 행위는 형법 제155조 및 제152조에 따라 각각 증거 은닉죄 및 위증 교사죄에 해당한다.

선관위의 채용 비리는 공공기관의 공정성을 심각하게 훼손했을 뿐만 아니라, 선관위의 시험에 응시했다가 선관위의 채용 비리로 탈락하는 피해를 당한 대한민국 청년들에게 좌절감을 주는 막대한 영향을 미쳤다.

'믿을만한 사람을 뽑기 위해 친인척을 채용하는 전통'이라는 선관위 관계자의 발언은 청렴성과 공정성을 기본으로 삼아야 할 기관에서 부패와 비윤리적 행위가 얼마나 고질적으로 오랫동안 자행되었는가를 알려준다. 이는 청년 세대에게 심리적, 경제적 피해를 초래하였고, 국가의 장기적인 경쟁력을 약화시키는 결과를 낳았다.

"선관위는 가족회사"라는 둥, "믿을만한 사람들을 뽑기 위해 친인척을 뽑았다."고 스스로 실토한 이상 그냥 넘어갈 문제가 아니다. 현재 겉으로 드러난 채용 비리가 전부가 아니고 빙산의 일각일 것이다. 따라서 선관위 전체의 친인척관계를 전수조사해서 국민 앞에 명명백백히 밝혀야 한다. 검찰과 경찰 등 수사기관은 이에 대한 조사와 수사를 통해 국민의 의혹을 해소해야 한다.

또한 이러한 비리 행위를 척결하기 위해 채용 비리에 해당하는 범죄자들을 일벌백계로 엄벌해야 함은 물론이거니와 선관위의 구조적 개혁과 투명한 채용 절차 도입이 필수적이다. 모든 공공기관과 공기업의 공개채용에도 동시에 적용해야 한다.

특히, 외부 감사 기구의 지속적이고 독립적인 감사를 통해 공공기관의 부패를 억제해야 하고, 관련자에 대한 엄중한 처벌과 피해 청년에 대한 적절한 보상 또한 반드시 이루어져야 한다. 피해 청년에 대한 적절한 보상은 어떻게 이루어져야 하나? 현재에는 누가 피해자인지 특정하기가 어렵다. 선관위 공무원 시험에서 최종 탈락했던 대상에 대해 확인 가능한 정보는 없을 것이다.

따라서 앞으로의 모든 공무원과 공기업의 공개 경쟁시험에 있어서는 공정성과 투명성을 확보하기 위해 합격자의 평균 점수와 커트라인을 공개하고 수험자들의 개인 성적도 본인에게 통보해야 한다. 또한 불합격자들 중에서 예비 합격자의 순번을 미리 공개하여 이미 합격한

자 중에서 채용 비리나 다른 결격사유로 결원이 발생할 경우에 예비 합격자들에게 순서대로 채용의 기회를 주는 제도를 법적으로 마련하고 시행해야 한다. 채용 비리나 부정한 방법으로 공무원에 임용되었던 자들 중에서 임용된 이후에 해당 사실이 발각되어 채용이 취소되면 임용 중에 지급받았던 급여 등을 전액 반납하게 하고, 또한 국가가 받은 피해에 대해 과징금으로서 추징할 수 있는 법도 제정하여 엄격하게 시행해야 한다. 이렇게 엄격하게 시행해야 채용 비리를 원천적으로 방지할 수 있다.

이처럼 우리가 눈 부릅뜨고 '공정'을 사수하지 않으면 우리의 청년들이 실력으로 정정당당하게 차지하던 일자리가 이러한 부패한 공무원들의 자녀와 친인척에게로 넘어간다. 청운의 꿈을 품고 청년이 고시원에서 죽어라 공부해도 부패한 공무원들의 채용 비리 농간에 걸리면 그걸로 끝장이다. 공공기관과 공기업에의 취업은 불가능하기 때문이다. 이것이 대한민국의 현실이다. 청년들은 스스로 살기 위해서라도 공정하지 못한 장면들을 보면 즉시 달려 나가 거칠게 항의해야 한다. 국민의 공복(公僕)이어야 할 공무원이 국민을 상대로 속이고 썩어 문드러졌다면 뽑아버려야 한다. 열심히 공부하고 준비한 청년이 일해야 할 수많은 일자리가 부패한 공무원과 그 가족에게로 넘어갔는데 국가는 피해자 청년들에게 어떻게 보상할 수 있나? 이러한 채용 비리의 내막도 모르고 그저 자신의 실력이 부족해서 떨어졌겠거니 하고 자책했을 청년들을 생각하노라면 가슴이 저리다.

인국공(인천국제공항공사)의 불공정한 채용

　인국공 사태는 인천국제공항공사에서 비정규직 보안 검색요원을 정규직으로 전환하는 과정에서 발생한 논란이었다. 문재인 정부는 2017년 이른바 '비정규직 제로' 정책을 발표하며 공공부문에서 비정규직을 정규직으로 전환하는 기조를 강력히 추진했다.

　이에 따라 인천국제공항공사는 2018년부터 2020년까지 9,500명의 비정규직 근로자를 자회사 소속 정규직으로 전환했다. 이 정책의 목적은 비정규직 근로자들의 고용 안정성과 처우개선을 통해 노동시장의 불평등을 완화하는 데 있었다. 여기까지만 본다면, 누가 이 정책의 취지를 반대하겠는가. 문제는 정규직 전환 과정에서 불거진 '공정성 훼손' 논란이었다. 비정규직 근로자들이 공개채용 절차를 거치지 않고 정규직으로 전환됨에 따라, 인국공 입사를 목표로 준비하던 청년들은 자신들의 취업 기회가 박탈되었다고 느꼈다. 청년들은 단순히 결과의 평등보다는 기회의 평등을 더 중시한다. 그들은 공정한 경쟁을 통해 자신의 실력을 인정받기를 원하며, 그 과정이 투명하고 공정한 절차에 따라 이루어지리라고 믿는다.

　하지만 인국공의 정규직 전환 과정에서 이러한 기대는 철저히 무너졌고, 청년들의 의견은 전혀 반영되지 않은 채 불공정한 결과만이 남았다. 이에 대해 청년들은 "우리의 공정한 채용 기회를 박탈당했다."

라며 목소리를 높였다. 이들의 주장은 충분히 일리가 있다.

결국 이러한 논란의 책임은 정부와 정책 기획자들에게 있다. 비정규직의 정규직 전환 과정에서 투명하고 공정한 절차를 세밀하게 마련하지 못한 채 졸속으로 추진했다는 것과 또한 취업 준비생들과의 소통을 소홀히 하여 그들의 목소리를 반영하지 못한 점도 문제로 지적된다. 투명성과 공정성을 담보할 수 있는 절차를 가지고 취업 준비생들의 입장을 반영한 공개경쟁 시험으로 서서히 추진되어야 했었다. 아무튼 비정규직 근로자 9,500명을 정규직으로 그냥 전환한 탓에 인천국제공항공사의 보안검색요원을 목표로 준비해 오던 청년들은 피해자가 되었다. 누가 이들의 상실감과 좌절을 보상할 수 있겠는가? 정부의 정책을 기획하고 추진하는 담당자들은 항상 그 정책의 영향을 받을 모든 이해관계자들의 입장을 고려해서 어느 한쪽이라도 불이익을 받지 않도록 공정하고 신중하게 접근해야 한다. 졸속 추진은 절대 금물이다. 시간이 걸리더라도 모든 절차를 다 밟아서 관련 정보를 투명하게 국민에게 사전에 공개하면서 단계적으로 추진해야 한다.

취준생 A 씨는 이렇게 하소연한다.

> "2019년 크리스마스이브 날 가장 가고 싶었던 인천국제공항공사 최종면접 불합격 발표를 보고 공원 가서 펑펑 울었는데 올해 다시 인국공 준비를 하는데, 이러한 허무한 소식을 들으니 힘이 빠진다."

당시에 "공기업 비정규직의 정규화 그만해 주십시오."라는 청와대 국민 청원 동의자가 청원 시작 2주 만에 30만 명을 돌파했다. 취준생들은 극도의 거부반응을 보였다. 인국공의 정규직화 정책이 밤을 지새워 가며 취업 시험을 준비하는 자신들의 미래 일자리를 가로채 가기 때문이다. 이러한 정책 추진이 공정한 것인가? 곽금주 서울대 심리학과 교수는 "인국공 사태에 대한 청년들의 분노는 '이유 있는 반항'이기 때문에 정부 여당이 청년들의 목소리에 주목해야 한다."고 강조한다.

동계올림픽 여자하키 남북 단일팀 구성 문제

2018년 평창동계올림픽에서 남북한은 여자 아이스하키 종목에서 단일팀을 구성했다. 이는 문재인 정부의 남북 화해와 평화 정책의 일환으로 추진된 것으로, 남북한 간의 스포츠 교류를 통해 한반도 평화 분위기를 조성하고자 하는 목적이 있었다. 남북 단일팀은 국제올림픽위원회(IOC)의 승인을 받아 남한 선수 23명과 북한 선수 12명으로 구성되었다.

남북 단일팀 구성 과정에서 가장 큰 논란은 선수 선발과 출전 기회에 대한 공정성 문제였다. IOC가 발표한 '올림픽 한반도 선언(Olympic Korean Peninsula Declaration)'에 따르면, 남북 단일팀은 우리나라 선수 23

명과 북한 선수 12명을 더해 총 35명으로 늘었지만, 북한 선수가 매 경기 최소 3명이 출전해야 한다고 규정했다. 아이스하키팀 감독의 전략과 전술, 선수 개인의 기량과 상관없이 북한 선수 3명이 무조건 출전하는 방식이다. 따라서 한국 선수 3명은 벤치에 앉아 있어야 한다.

그동안 청와대를 비롯한 관계 당국은 줄곧 "우리 선수들의 피해는 없을 것이다. 최소화할 것이다."라고 말했지만 약속은 지켜지지 못했다. 2030 세대를 포함한 거센 반대 여론에도 불구하고 청와대는 여자 아이스하키 대표팀을 정치적 희생양으로 삼았다. 이것이 국민 눈높이에 맞는 정책인가? 평등한 기회, 공정한 과정이 아니었다. "국민의 서러운 눈물을 닦아주는 소통하는 대통령이 되겠다."는 약속은 물거품이 되었다. 눈물을 닦아주기는커녕 4년, 아니 평생을 기다려온 여자 아이스하키 선수들의 눈에 피눈물이 맺히게 했다. 문화체육관광부 당국자들이 여자 아이스하키팀 선수들에게 사전에 취지를 설명하고 이해를 구하기는커녕, 남북 단일팀이라는 대의(大義)에 '무조건 따라오라'고 강요했다. 심지어 대한민국 여자하키 대표팀의 세라 머레이(30·캐나다) 감독은 남북 단일팀 구성 소식을 기사를 통해서 알았을 정도라고 전해진다. 선수들은 박탈감으로 고통을 당했다. 평창동계올림픽 여자 아이스하키 대표팀에서 탈락한 이민지 선수는 "선수에게는 게임을 뛰는 1분 1초가 소중한데 단 몇 분이라도 희생하는 게 어떻게 기회 박탈이 아니라고 생각하시는지…"라며 '남북 단일팀'에 대한 섭섭함과 아쉬움을 토로했다. 또한 "(북한 선수를 기용하라는) 압박을 받지 않기를 바란다."고 했던 머레이 감독의 바람도 무시됐다. 남북 단일팀의 의의를 살린다는 이유로 스포츠 정신에 어긋나는 허수아비 사령탑을 만들고 스포츠를 정치 쇼로 둔갑시켰다. 노무현 대통령 시절 청와대 정무수석을 지낸 유인태(70) 씨도 평창 동계 올림픽에서 남북이 여자 아이스하키 단일팀을 구성키로 한 데 대해 "이번엔 정부가 잘못한 것"이라며 쓴소리를 던졌다고 한다.*

위에서 언급한 세 가지 불공정한 사례에서도 알 수 있듯이, 이와 같은 일들은 우리의 일상에서 흔하게 일어난다. 그런데 그 피해자들은 언제나 사회적인 약자들이다. 서민, 사회에 첫발을 내디디려는 취업준비생과 청년 직장인, 소상공인과 자영업자들이 바로 그들이다. 이런 현실을 직시하며 우리는 항상 '공정'이라는 가치가 우리 사회에서 깊이 뿌리내릴 수 있도록 모두가 부단히 노력해야 한다. '공정'의 가치는 단순히 정부와 정치인들의 손에 맡겨두어서는 결코 실현되기 어렵다. 누군가 대신 해주기를 기다리는 것이 아니라, 우리가 직접 행동에 나서야 한다. "목마른 사람이 우물을 판다."는 속담처럼, 청년들이 스스로 나서서 거리에서 직접 목소리를 내고 기성세대를 설득하고 매달리다 보면, 한국 사회가 청년들이 바라는 공정한 세상에 점점 가까워질 것이다. 공정한 사회를 만들어 가기 위해 가장 중요한 것은 그 사회의 신분 상승 구조(계층이동 기회)가 올바르게 작동되는지 살피면서 동시에 그것을 개선하려고 포기하지 않고 노력하는 자세이다.

---

* 《코람데오닷컴》 김대진 기자 기사 참조(2018년 1월 24일).

어떤 사회의 공정성을 제대로 진단하려면, 그 사회에 계층이동의 기회가 존재하는지, 또한 그 기회가 실제로 효율적으로 작동하는지를 살펴보아야 한다. 지속 가능한 경제성장을 보장하는 공정한 사회는 신분 상승의 통로가 제도적으로 잘 정비되어 있고 그 기능을 온전하게 발휘하는 특징이 있다.

또한 공정한 사회는 출발 과정에서 누구에게나 균등한 기회를 제공하고, 경쟁에서 실패한 사람에게도 다시 도전할 기회를 주며 서민과 약자가 부당한 대우를 받지 않는 사회이다. 공정한 사회는 '개천에서 용이 날 수 있는 사회'이며, 힘이 없는 중소기업이 대기업으로부터 부당한 거래의 압박에 시달리지 않고 정당한 대가를 받는 사회, 이러한 원칙들이 제도와 문화로 자리 잡은 사회이다. 공정한 사회는 우리 사회의 기본 질서인 민주주의 정치제도와 자본주의 시장경제 체제를 지키는 소중한 핵심 가치이다. 공정한 사회의 국민은 개인의 자유를 존중해 각자 좋은 삶을 선택할 수 있는 권한이 부여된 존재로서 이해한다. 따라서 빈부격차, 남녀노소를 불문하고 차별받지 않을 권리가 있음을 법과 제도와 문화 속에서 구현하는 사회이다.

동서고금의 역사를 돌아보면 계층이동이 가능한 사회는 항상 안정적이고 번영하는 경향이 있었다. 그러나 그 반대로 계층이동이 막히는 사회는 국민의 불만이 커지고, 이는 외환이나 내란 등의 사회의 불안을 심화시켜 결국에는 몰락으로 이어지곤 했다.

사람들은 누구나 신분 상승을 원한다. 이 욕구는 자연스러운 것으로서 개인과 국가 발전의 원동력이 된다. 신분 상승은 더 나은 사회적인 위치로 나아가는 것을 뜻하는데, 이를 위해 국민 누구나 교육, 승진, 직업 선택에서 공정하게 경쟁할 수 있는 권리가 보장되어야 한다. 계층이동의 사다리가 공정하게 작동하는 사회가 건강한 사회이다. 누구든 노력하는 사람들의 계층이동이 원활해지면 그 사회는 생동감과 희망이 넘치고 발전을 계속할 것이다. 그러나 아무리 노력해도 자신은 물론 자녀 세대에까지 가난에서 벗어날 희망이 없다면 그 사회는 불행한 사회이다. 그렇다면, 현재 한국 사회는 공정한 사회인가? 만약 공정한 사회라면 어느 정도 공정한가? 아니면 불공정한 사회라면 어느 정도 불공정한가? 현재 한국의 사회제도, 입시와 교육시스템, 승진 구조, 직업 선택을 위한 선발 시험 등의 공정성에 대해 살펴보기로 하자. 그리고 지금의 한국 사회를 보다 깊이 이해하기 위해 지나간 조선왕조의 공정성을 살펴보는 것도 유의미한 출발점이 될 수 있다.

불공정한
조선의 모습

봉건적 신분사회 조선에서 공정사회를 찾는 것은 어불성설일지도 모르겠다. 그러나 당시가 봉건적인 신분사회라고 해도 민초(民草)들도 사람인 이상 사회에서 공정한 대우를 받고자 하는 갈망까지 없었던 것은 아니었다.

다산 정약용은 "백성들은 토지로써 논밭을 삼지만 아전(衙前)[*]들은 백성들로서 논밭을 삼는다."라고 질타했다. 동학혁명도 불공정한 조선 사회에서 세금도 한 푼 안 내고 병역의 의무도 없는 양반들이 민초들에게 가하는 부당한 압제와 착취를 끝장내려고 들고 일어난 민초들의 저항운동이었다. 결국 동학혁명을 시작으로 조선 사회는 해체의 길을

---

* 아전(衙前): 조선시대에 중앙과 지방관청에 소속되어 행정실무를 담당하던 중인계층의 하급 관리를 총칭함.

걷게 된다. 조선이 망한 가장 근본적인 원인은 공정한 나라에 대한 국민의 소망이 무너졌기 때문이었다. 동서고금을 막론하고 한 나라가 튼튼하게 지켜지는 전제조건은 사회의 모든 구성원의 공정사회에 대한 암묵적인 믿음에 그 바탕을 둔다. 공정사회에 대한 믿음이 무너지는 순간 구성원들은 지리멸렬 흩어져 버리고 나라는 망하게 된다.

나라가 망해갈 당시의 조선에는 눈 씻고 찾아보아도 공정사회의 모습을 볼 수 없었다. 조선은 신분제도의 모순으로 인해 조선 백성들을 한마음으로 묶어내지 못했고 방방곡곡의 부패한 관리들의 부당한 착취로 인해 스스로 무너져 버렸다.

다산 정약용은 이미 220여 년 전에 조선시대 신분제도의 모순을 고발한 〈고시(古詩) 24수(首)〉라는 시를 썼다. 그중 고시 제14수와 제15수의 내용을 보면 다음과 같다.[*]

> 하늘이 어진 인재를 내려보낼 때
> 왕후장상 집안만 가리지 않을 텐데
>
> 어찌하여 가난한 서민 중에는
> 뛰어난 인재 있음 보지 못하나

....

[*] 《시로 읽는 다산의 생애와 사상》. 송재소. 세창출판사. 97~99p.

서민 집에 아이 낳아 두어 살 됨에
미목이 수려하고 빼어났는데

그 아이 자라서 글 읽기 청하니
애비가 하는 말 "콩이나 심어라

너 따위가 글은 읽어 무엇에 쓰게
좋은 벼슬 너에겐 돌아올 차지 없다"

그 아이 이 말 듣고 기가 꺾여서
이로부터 고루(孤陋)함에 젖어버리고

애오라지 이잣돈 불려나가서
중간치 부자쯤 되기 바라니

나라에 큰 인재 찾을 수 없고
높은 가문 몇 집만 제멋대로 놀아나네

- 제14수

지체 높은 집안에 아이가 나면
낳자마자 당장에 귀한 몸 되고

두어 살에 아랫사람 꾸짖는 법 가르치니

총각 때 벌써부터 오만하기 짝이 없네

아첨하는 무리들이 구름처럼 모여들어
행전(行纏)도 채워주고 버선까지 신겨주며

"잠자리서 너무 일찍 일어나지 마십시오
행여나 병이 나면 어쩌시려오

애써서 글 읽는 일 하지 않아도
높은 벼슬 저절로 굴러온다오"

그 아이 자라니 과연 기세 드날려
말 타고 대궐에 들어가는데

달리는 말 마치 나는 용 같아
네 다리가 하나도 걸리지 않네

- 제15수

또한 〈여름날 술을 마시며(夏日對酒)〉의 글에서 보면,

세력이 단단한 몇십 집안에서
대대로 나라의 녹을 다 삼키네

자기네끼리 붕당으로 나뉘어서는
엎치락뒤치락 살벌하게 싸우네

약자들이야 강자들의 밥이니
대여섯 세력가만 살아남아서

이들만이 경상이 되고
이들만이 큰 고을의 감사가 되고

이들만이 승정원의 승지가 되고
이들만이 감찰하는 벼슬아치 되며

이들만이 여러 벼슬아치 되고
이들만이 수사와 재판 담당하네

다산 정약용은 또한 〈통색의(通塞議)〉* 란 글에서 이렇게 주장했다.

"신(臣)은 삼가 생각건대 인재를 얻기 어려운 지가 오래되었습니다. 온 나라의 영재(英材)들 가운데 발탁(拔擢)을 해도 오히려 부족할 지경인데 하물며 영재의 8~9할을 내버리고 있으며, 소

---

* 《시로 읽는 다산의 생애와 사상》. 송재소. 세창출판사. 100p.
 《통색의(通塞議)》. 정약용. 한영우 역, 장석규 주해.
 통색(通塞): 통하고 막힘을 아는 것, 즉 득과 실을 아는 것.

> 민이라고 등용하지 않고, 중인이라고 등용하지 않고, 관서, 관북, 해서, 개성, 강화도 사람이라고 등용하지 않고, 관동과 호남 사람들은 절반만 등용합니다. 서얼이라 등용하지 않고, 북인과 남인 사람들도 결국은 등용하지 않는 것과 같습니다. 오직 수십 가구의 문벌 좋은 사람들만 등용합니다. (중략) 버림받은 사람들은 모두 자포자기(自暴自棄)하여 문학이나 정치, 경제, 군사 등이 문제에 관심을 두려 하지 않고 오직 비분강개(悲憤慷慨)하여 술이나 마시면서 방탕한 생활을 합니다. **나라에 인재가 나타나지 않는 것은 이 때문입니다. 어찌 출생지와 출생 성분에 따라 인재를 버리는 것이 합당합니까?"**

위의 글에서 보면 지금의 평안도, 함경도, 황해도, 개성, 강화도, 강원도, 전라도 사람들은 과거에 거의 등용되지 못했다. 해당 지역들은 주로 유배지이거나 고려시대의 수도인 개성으로서 해당 지역 출신의 등용을 막아 반란의 싹을 아예 없애려는 뜻이었을 것이다.

조선의 실학자 성호 이익은 그의 사설유선(僿說類選)의 치도문(治道門)에서 아래와 같이 조선 사회에 대해서 한탄한다.

> "지금 세상은 인민들이 원통하고 울분할 수밖에 없다. 나라에서 인재를 천대하므로 유능한 사람들이 퇴장되며 문벌 제도를 숭상하여 서얼, 중인의 차별이 있어서 그들의 자손은 100대를 지나도 좋은 관직을 얻을 수 없으며, 또 서북 3도(평안, 함

경, 황해)는 폐색(閉塞)된 지 이미 400년이나 되었으며, 노비의 법이 엄격하여 그 자손들이 평민과 같이 서지 못하니 **전국 인민의 10분의 9가 모두 원한과 분노에 싸여 있다.** 그리고 지금 당파 싸움이 공공연하게 벌어져 셋씩, 다섯씩 서로 각기 패를 만들어 한패가 득세하면 다른 패들은 모두 구축을 당하니 이런 살풍경에는 천지도 변하며 초목도 마를 지경이다.*"

실학자 이익(1681~1763)은 정약용(1762~1836)이 태어났던 다음 해에 세상을 떠난 사람으로 서로 만날 기회가 있었던 사이가 아니다. 다만 정약용은 책을 통해 이익의 실학사상을 접하고 배웠다. 위의 이익의 표현대로 지금 한국의 상황이 조선 후기의 모습과 너무나 비슷하고, 세월은 그 이후 300년이나 흘렀지만 '공정'이라는 가치관으로 사회의 이곳저곳을 살펴보면 나아졌다는 느낌이 들지 않는다. 지금의 상황에서 대한민국이 선진국으로 계속 발전하려면 **"대한민국은 공정사회이어야 한다."** 는 신념이 국민 모두의 의식 속에 깊게 뿌리내려져 있어야 한다. 그래서 사리사욕에 빠져 공정사회를 무너뜨리려는 자들이 이 땅에 발을 붙이지 못하도록 모두가 두 눈 부릅뜨고 사회를 지켜야 한다. 만일 그렇게 하지 못하면, 국정의 반복된 실패로 나라가 약해지고 결국에는 망하는 결과를 초래한다고 역사가 증명하고 있다.

다산 정약용의 주장대로, 온 나라의 영재를 발탁해도 모자랄 판에

....
* 《정약용과 그의 형제들(1-새 시대를 열어간 사람들)》. 이덕일 역사서. 김영사. 51~52p.

능력이 부족한 세도가 양반들이 독식한 결과 조선이 망했다. 당시 19세기 초 조선의 인구는 약 1,000만 명~1,300만 명 정도로 추측된다. 조선 전체에서 능력 있는 자들을 지역적으로 차별 없이 골고루 등용하여 적재적소에 배치했더라면 조선은 부강한 나라가 되었을 터인데 하고 비분강개했던 정약용의 심정에 동감한다.

1,000만 명의 능력 있는 백성들을 제쳐두고 오직 한양의 문벌 좋은 수십 가구에서만 등용을 하니 온 나라가 인재 부족 사태에 직면했다. 과거시험에 등용되지 못하고 버림받은 나머지 사람들은 오직 술 마시고 방탕하게 허송세월 보내니 조선이 기둥뿌리부터 썩어 들어간 것이다. 결국 조선은 계층이동 사다리가 없었기 때문에 거국적으로 서구 문물을 받아들여 부강하게 된 일본에 의해 망했다.

계층이동 사다리가 없어서 인재를 제대로 등용하지 못한 잘못은 나라에 재앙으로 이어졌다. 그것은 바로 삼정의 문란이다. 개인 능력에 기반한 공정한 등용의 길이 막히자, 조선에서 관리가 되려면 뇌물을 주고 공직을 사는, 이른바 매관매직이 성행하게 된다. 뇌물을 바치고 관직에 나아간 부패한 관리들은 전정(田政), 군정(軍政), 환곡(還穀)에 개입하여 백성들을 착취하면서 삼정(三政)의 문란으로 이어졌다. 환곡(還穀)을 빙자한 착취가 특히 심했다. 원래 환곡은 보릿고개의 농민들에게 정부 양곡을 빌려주고 가을 추수 때 10%의 이자를 붙여 받아 빈민 구제와 물가 조절 기능을 갖는 좋은 제도였지만, 부패한 지방 관리들의 폭정으로 농민들이 수탈당해 농토를 버리고 유리걸식하며 사회 불만 세력이 되었다.

다산 정약용의 〈여름날 술을 마시며(夏日對酒)〉의 시를 보면 다음과 같다.

　　　　농가엔 반드시 식량을 비축하여
　　　　삼 년이면 일 년 치를 비축하고

　　　　구 년이면 삼 년 치를 비축하여
　　　　곡식 풀어 백성 먹여 살리는 건데

　　　　한번 사창(社倉)* 된 후로
　　　　불쌍하게도 수많은 목숨 떠돌이 됐지

　　　　빌려주고 빌리는 건 두 쪽이 다 맞아야지
　　　　억지로 시행하면 그건 불편한 거야

　　　　천하 백성이 다 머리 흔들지
　　　　군침 흘리는 자 한 명도 없어

　　　　봄철 좀먹은 것 한 말 받고

------

* 사창(社倉): 조선시대 각 지방 군현의 촌락에 설치된 곡물 대여기관으로 빈민구호기관의 성격을 가졌다.

가을에 정미 두말을 갚는데

더구나 좀 먹은 쌀값 돈으로 내라니
정미 팔아 돈으로 낼 수밖에

남은 이윤은 교활한 관리 살찌워
환관 하나가 밭이 천 두락이고

백성들 차지는 고생뿐이어서
긁어 가고 벗겨지고 걸핏하면 매질이라

가마솥 작은 솥을 모두 다 내놨기에
자식이 팔려 가고 송아지도 끌려간다네

   환곡제도를 악용한 부패한 관리와 아전들이 백성을 착취하여, 흉년에도 관가에서 곡식을 빌리는 사람이 없었다. 아전들이 곡식을 강제로 빌려주고 거두어들이는 일이 벌어졌고, 심지어는 쌀을 빌려준 적도 없으면서 강제로 식량을 빼앗는 극악한 상황까지 이르렀다. 농민들은 집과 논밭을 버리고 산에 들어가 화전민이 되거나 도적 떼가 되어 이리저리 떠돌다가 동학운동이 일어나자 자발적으로 동학군이 되었다.

다산 정약용은 유배지 전남 강진에서 목격한 실상을 이렇게 말했다.[*]

> "내가 다산(茶山)에 거처하면서 관창(官倉)[**]으로 가는 길을 내려다보기를 이제까지 10년인데 시골 백성이 곡식 짐을 받아지고 지나가는 자를 일찍이 본 일이 없다. 한 톨의 곡식도 일찍이 받아온 일이 없는데도 겨울이 되면 가호(家戶)마다 곡식 5, 6, 7석(石)을 내어 관창(官倉)에 바치는데, 그러고서도 다시 되돌려 받는다는 환상(還上)이라 부르는 것 또한 부끄럽지 아니한가."

다산 정약용은 환곡(나라에서 백성에게 빌려준 곡식을 되돌려 받는 것)이 명목 없는 조세로 타락해 백성을 착취했다고 고발했다. 한때 암행어사였던 다산 정약용은 《목민심서》[***]에서도 지방 수령을 관리해야 할 감사조차 환곡으로 장사한다고 지적하고 있다.

> "환곡(還穀)은 사창(社倉)이 변한 것으로, 춘궁기에 곡식을 빌려줬다가 추수기에 거둬들이는 조적(糶糴)도 아니면서 백성의 뼈를 깎는 병폐가 되었으니 백성이 죽고 나라가 망하는 일이 바로 눈앞에 닥쳤다. 오늘날 환곡의 폐단을 논하는 사대부들은 기껏해야 '가을에 정미한 쌀을 말에 넘치게 받고, 봄에는

---

[*]   《시로 읽는 다산의 생애와 사상》. 송재소 지음. 세창출판사. 250p
[**] 관창(官倉): 각 지방관청에서 관리하는 쌀 보관 창고이다.
[***] 《정선 목민심서》. 정약용. 다산연구회 편역. 창비. 187~188p.

거친 쌀을 나눠주되 말에 부족하게 하니 백성에게는 몹시 억울한 일이다.'라고 할 뿐이다. 아전이 포탈한 것을 말할 때에는 아전이 밤에 창고 문을 열고 곡식 섬을 짊어지고 자기 집으로 지어 나른다는 정도로 여길 따름이다. 그러므로 수령이 몰래 창고를 엿보는 일이 많다. 아, 한심한 일이 아니냐. 8도 중에서 삼남의 아전이 더욱 교활하고 역대 이래로 오늘날이 가장 심하니 이 같은 흉악함을 누가 알겠는가. 한 톨의 곡식도 받은 적이 없는데도 해마다 한 집에서 10섬을 거저 바친다. 한심하구나. 백성이 비록 잠시나마 목숨을 부지하고자 한들 그나마 되겠는가. 감사(監司)가 환곡을 이용하여 장사를 하면서 장삿길을 크게 터놓았으니, 수령이 법을 어기는 것은 말할 것도 없다. 감사가 여러 고을에 물가를 보고하도록 명령하고, 곡가의 높고 낮음을 알고서 장사치 노릇을 한다. 만약 벼 1석에 갑(甲)현에서는 싯가가 7전이고 을(乙)현에서는 싯가가 1냥 4전이면, 을(乙)현의 벼 2천 석을 취하여 팔아 돈 2천8백 냥을 만들어 그 반은 훔쳐서 자기가 먹고 그 반은 갑(甲)현에서 곡식을 사들여 다시 벼 2천 석을 만든다. 감사의 녹봉이 원래 박하지 않은데도 장사치 노릇을 하여 백성의 기름을 짜내고 나라의 명맥을 상하게 하니 딴 일은 말할 것이 있겠는가? 한 해에 백만 냥이나 천만 냥의 돈을 얻어 축재하면서도 만족할 줄 모르고, 쌀을 방출하는 고을에서는 비싼 값으로 돈을 거두고 쌀을 수매하는 고을에서는 싼값으로 돈을 푸니, 백성의 피해가 어찌 그치겠는가? 내가 일찍이 암행어사가 되었을 때에 본 일이지만, 이웃하고 있는 대여섯 고을에서 보고한 물가가 달랐는데, 결국 그중에서 가장 높은 것을 따르는 것이었다. 이로써 그 실정을 알만하다."

조선시대의 과거시험에서 공정한 인재 등용의 실패가 전정(田政), 군정(軍政), 환곡(還穀)제도의 부패와 불공정한 운영으로 연결되면서 백성들에게 큰 고통을 안겨주었다. 전정의 문란은 토지세의 부과와 징수가 불공정하게 이루어져 백성들이 과도한 세금을 부담하게 되었고, 군정의 문란은 군역의 부과가 불공정하게 이루어져 백성들이 군역을 피하기 위해 많은 비용을 지불해야 했다. 그리고 환곡의 운영이 부패하여 백성들이 고리대금업에 시달리게 되었다. 이러한 삼정의 문란은 백성들의 생활을 파탄으로 몰아넣었고, 사회적 불평등을 심화시켰다.

국가는
왜 실패하는가?

미국의 애쓰모글루 교수와 로빈슨 교수가 쓴 《국가는 왜 실패하는가》라는 책에서, 가난한 나라와 부유한 나라의 차이는 제도적인 차이라고 설명한다. 힘 있는 사람이 다른 사람을 착취할 수 있게 제도가 만들어진 나라는 가난하고, 공평한 경쟁을 보장하는 나라는 부유해진다는 것이다. 모두를 끌어안는 포용적인 정치제도가 발전과 번영을 가져오고 특수 지배계층만을 위한 약탈적인 제도는 쇠퇴와 가난으로 귀결된다고 위의 저자들은 주장한다. 포용적인 사회는 소수의 엘리트에게만 기회를 주는 것이 아니다. 누구나 재능을 발휘할 수 있도록 기회를 준다. 실패하는 국가의 밑바탕에는 국민 누구나 재능을 발휘하고 싶어 하는 욕망을 억누르려고 하는 나쁜 제도가 있다. 그 제도가 나라 장래의 운명을 가른다.

영국은 혁신과 포용적인 사회로 나아갔기 때문에 산업혁명의 꽃을 피웠고, 스페인은 신대륙에서 얻을 수 있는 엄청난 이익을 국민에게는 나누지 않고 왕가에서 독점하는 차별적인 사회로 나아갔기 때문에 결국 영국과의 패권 경쟁에서 밀려난 것이었다. **결국 국민 누구나 포용하는 사회는 번영의 길로 가고, 차별하는 사회는 쇠퇴의 길로 간다는 것은 역사의 진리이다.**

따라서 우리 사회는 직업 선택에 있어서 사회에서 차별이나 방해 없이 자기의 직업을 추구할 수 있어야만 한다. 직업 선택에 있어서 부자와 권력자들에게만 유리한 기울어진 운동장이 없는지 잘 살펴서 바로잡는 것이 선진국 대한민국의 국민이 해야 할 책임이자 행사해야 할 권리이다. 대한민국에서 장래의 직업으로 의사, 판사, 검사, 변호사가 되는 데에 가난한 사람도 접근할 수 있는 권리가 주어져야 한다. 나라가 부강해지려면 어떤 직업을 선택하든 계층이동 사다리가 튼튼하게 세워져야 하고, 모든 분야의 직업 선택에서 기울어진 운동장이 없는지 계속 바로 잡아나가야 한다.

대한민국은 불공정했던 조선의 역사가 있었는데도 불구하고 지금도 여전히 법조인이라는 직업 선택에 가난한 집안 자녀들이 접근하기 어렵고 차별받는 이상한 나라가 되어버렸다.

한국의 인재 등용에 있어서 국민적인 관심사가 가장 높은 분야는 법조계의 진출이다. 조선시대로 말하자면 지금의 변호사 시험은 '과거시험'이나 마찬가지이다. 변호사가 되기 위해서는 로스쿨을 졸업해야 하는데, 졸업하기까지 돈이 많이 든다. 로스쿨의 학비와 교재비 등 기타 비용은 상당히 높은 수준이며, 이는 경제적으로 여유가 있는 부유층 자녀들에게만 유리하게 작용한다. 따라서, 경제적 여건이 어려운 사람들은 로스쿨에 진학하기 어려워 변호사가 되는 길이 제한된다.

결국 로스쿨 제도의 문제점은 공정사회와 밀접한 관련이 있다. 부유층 자녀들이 로스쿨에 진학하여 변호사가 되는 경우, 그들은 경제적 여유를 바탕으로 법조계에서 유리한 위치를 차지하게 되고, 이는 법조계의 공정성을 저해하고, 부정부패를 조장할 수 있는 환경이 조성된다. 또한 가난한 사람들은 법조계에 진입하기 어려우므로, 법조계의 다양성이 사라지고, 사회적 불평등이 심화된다. 이러한 상황이 공정사회를 구축하는 데 큰 장애물이 된다.

공정한 사회를 위한 정책

로스쿨에 대해서

　법학전문대학원(Law School)은 기울어진 운동장의 전형이다. 사회 발전에 따른 변호사 수요 증가로 로스쿨을 설치한 것은 잘했다. 사회 발전에 따른 다년간의 다양한 분야의 경험자들을 법조계에서 받아들여 법적인 소양을 쌓게 한 다음 변호사 자격시험을 치를 자격을 주는 취지는 좋았지만 그 제도 운영에 있어서 부적합한 사례가 많다. 최근 5년간 서울대, 고려대, 연세대 등 일명 'SKY 로스쿨'의 합격생의 86.4%가 SKY 학부 출신인 것으로 나타났다. 이를 두고 다양한 배경을 가진 법조인을 양성한다는 취지가 무색해졌다는 비판이 나온다. 직장생활의 근무 경력이나 전문 직종에 다년간 근무한 경력이 있는 사람들을 활용해서 사회 발전에 따른 다양한 배경의 변호사를 양성하자는 것이 로스쿨 제도의 도입 취지였다. 그러나 이러한 취지는 변질되어 그저 로스쿨 학비를 낼 수 있는 능력 있는 부모를 만난 자녀들에게 입학허가를 주는 것으로 은근슬쩍 바뀌어 버렸다. 그런데 결정적으로 잘못된 것은 로스쿨 졸업자에게만 변호사 자격시험을 볼 수 있게 해준 게 가장 커다란 잘못이다.

이웃 나라 일본의 사법시험 제도는 2011년부터 '신(新)사법시험 제도'로 일원화되었다. 이 제도는 로스쿨 수료자들에게 응시 자격을 주고, 로스쿨을 수료하지 않은 일반인들을 위해서는 '예비시험 제도'를 도입해서 이 예비시험에 합격한 자에게만 사법시험 응시 자격을 준다. 저소득층과 로스쿨을 다닐 시간이 부족한 사람들을 배려한 공정하고 형평에 맞는 제도이다. 일본이 이 제도를 도입한 이유는 공정한 사회를 위해서이다. 우리나라도 즉각 이 제도를 받아들여서 시행해야 한다. 그래야 공정한 사회라고 할 수 있지 않겠는가? 로스쿨이 생기면서 사법고시를 폐지한 것은 독학으로 사법고시를 거쳐 법조인이 되려던 사람들의 인생길을 가로막은 폭거이자, 국민의 직업선택의 자유를 빼앗고 공정한 사회를 열망하는 대다수 국민의 희망을 저버린 것이다.

로스쿨의 1년 학비는 1,000만 원이 넘고, 교재비 등 다른 비용을 포함하면 1년에 최소 2,000만 원, 졸업까지 6,000만 원 이상이 든다.

연 소득 3,000~4,000만 원의 서민 가정 자녀들은 여간해서는 로스쿨에 다니기 어렵다. 결국 부유층만이 로스쿨에 다닐 수 있고, 그들만이 판사, 검사, 변호사가 될 수 있다.

물론 로스쿨 입학에 취약계층을 배려해 정원의 5~10%를 특별전형으로 선발한다. 기초생활보호자, 차상위 계층, 장애인 등이 응시할 수 있다. 하지만 이는 사법고시 폐지에 따른 반발 여론을 무마하기 위한 것일 뿐, 서민의 직업 선택 자유를 침해한 행위에 대한 정당성은 없다. 기초생활 보호자의 자녀가 혹시 로스쿨에 합격하고 취약층으로 인정되어 수업료를 면제받는다고 치자. 함께 수업받는 다른 친구들은 누가 수업료 면제받아 공짜로 수업 듣는지 금방 알게 될 것이다. 친구들로부터 왕따당하는 일들이 일어난다. 기초생활 보호자의 자녀는 수업료는 면제받지만 교재비나 생활비를 벌기 위해서는 수업이 끝나도 돈을 벌어야 하니 유복한 친구들과 함께할 시간이 없어서 결국 자의 반 타의 반 함께 어울리지 못한다. 로스쿨의 수업료 면제 장학제도는 취약계층을 도와주고자 하는 취지였지만 학생들 간에 서로 부담되는 부자연스러운 환경을 만들 수도 있다.

변호사 예비시험 제도 도입의 필요성

학력 인정시험으로 검정고시가 있다. 중졸이나 고졸이나 학교 과정을 이수하지 못한 사람들 중에 학력 인증이 필요한 사람들을 대상으로 자격 검정고시를 거쳐 동등한 학력이 있음을 국가가 인정해 주는 제도이다. 변호사 응시 자격에도 검정고시 제도와 같은 시험을 개설하여 일반인 누구나 응시할 수 있도록 하고 합격하면 변호사시험을 볼 수 있는 자격을 주면 된다. 예전 사법고시 제도에서의 시험은 1차, 2차 시험으로 나누고 1차 시험 합격자에게 2차 시험 응시 자격을 주었던 것과 같이 '변호사 예비시험'을 예전의 1차 시험 성격으로 구성하면 된다. 물론 시험과목과 내용은 예전과는 달라지겠지만 구체적인 사항들은 '변호사 예비시험 제도 준비위원회'가 발족되어 준비해 나가면 된다. 이웃 나라 일본이 2011년부터 '신(新)사법시험' 제도를 시작한 것은 **'모든 국민은 공정하게 대우받아야 한다'**는 공정성에 근거했기 때문일 것이다.

우리는 왜 전 국민에게 변호사 직업 선택을 개방하지 못하는가? 많은 국민이 로스쿨을 '현대판 음서제도'라고 비판하고 있다. 음서제도는 공신 자녀들을 과거시험 없이 공직에 등용하는 제도였다. 나중에는 능력 없는 양반 자녀들이 많이 등용되면서 많은 부정부패의 온상이 되었다. 변호사 배출시스템을 폐쇄적으로 운영하지 말고 전 국민에게 개방하자. 예전에 사법시험을 전 국민에게 개방했던 것처럼 그렇게 하자. 예전에 매년 전국에서 사법고시를 통해 300명을 뽑았었던 적이 있었다. 지금은 로스쿨 제도로 선발하는데 아직도 법원과 검찰청에는 사법고시 출신과 로스쿨 출신이 함께 근무한다. 사법고시 출신과 로스쿨 출신의 업무처리 능력에 차이가 있는지 어떤지, 혹시 사법고시 출신과 로스쿨 출신의 장단점이 있다면 무엇인지 평가하여 국민을 위한 법조인 양성에 발전적인 방향으로 적용할 필요도 있을 것이다.

'변호사 예비시험'이 '로스쿨 수료'와 동등한 자격으로 인정되어야

변호사 배출시스템을 전 국민에게 개방해야 한다고 주장하는 필자는 앞에서 언급했던 다산 정약용의 통색의(通塞議)를 다시 소환해 본다. 정약용이 지금도 살아서 우리의 곁에 있다면, 그리고 지금의 대통령이 정조대왕이라고 가정한다면 로스쿨 제도에 대해서 정약용은 아래와 같이 보고할 것이다.

> "신(臣)은 삼가 생각건대 인재를 얻기 어려운 지가 오래되었습니다. 온 나라의 영재(英材)들 가운데 발탁(拔擢)을 해도 오히려 부족할 지경인데 하물며 영재의 절반을 내버리고 있으며, 온 나라의 백성을 모두 육성하더라도 오히려 부족할 지경인데 하물며 백성의 5~6할을 내버리고서야 어찌 인재가 나타나겠습니까.
> 로스쿨에 다닐만한 돈이 없는 집안의 젊은이들은 결국 판사, 검사, 변호사로서 등용하지 않는 것과 같습니다. 오직 살림살이 넉넉한 집안의 청년들만 등용합니다. 버림받은 청년들은 모두 자포자기(自暴自棄)하여 대한민국에 대해서 비분강개(悲憤慷慨)하며 헬조선이니 뭐니 하며 술이나 마시면서 신세 한탄을 합니다. **나라에 인재가 나타나지 않는 것은 이 때문입니다. 어찌 빈부(貧富)에 따라 인재를 버리는 것이 합당합니까?**"

예전에 사법고시 응시 장수생을 '사시 낭인'이라고 폄훼하는 단어가 우리 사회에서 흔히 쓰인 적이 있었다. 원래 '낭인'은 일본 전국시대에 일정한 소속 없이 떠도는 무사를 의미하는 비하 용어였다. 나중에는 양아치나 조폭 등을 의미하는 말로 변했지만. 사법고시 장수생들이 무슨 민폐를 끼쳤나? '사시 낭인'이라는 표현은 청운의 뜻을 품고 판사, 검사가 되려는 한 개인과 그를 돕는 가정을 모욕하는 말이다.

'사시 낭인'이 아니라 '사법고시 장수생'이 바른 표현이다.

국가를 발전시키는 인재 발굴을 위해서는 빈부를 막론하고 고르게 선발해서 그들이 함께 섞여 일하는 풍토를 만들어야 한다.

우리나라 법조인의 양성도 사법고시와 로스쿨, 두 가지 길로 하든지 아니면 변호사 예비시험 제도를 두어서 로스쿨을 다닐 경제력이 안 되는 사람들은 자기 노력으로 이 예비시험을 거쳐서 변호사시험에 응시할 기회를 주든지 해야 한다. 이것이 형평에 맞고 국민이 하나로 통합되는 길이다.

직물을 짤 때 씨줄만으로는 제대로 된 직물을 짤 수 없다. 씨줄과 씨줄을 이어줄 날줄이 필요하다. 가로 방향 씨줄 사이를 세로 방향 날줄이 들락날락하며 엮어줘야 제대로 된 직물이 된다. 나라의 인재 구성도 단지 시험공부만 잘해서 합격한 엘리트만으로는 안 된다. 그들을 엮어줄 다른 종류의 인재들이 필요하다. 빈부를 떠나 다양한 계층의 인재들이 엮여야 조직이 강해져서 특히 외부에서 위기가 닥칠 때 통합된 인재들이 나라를 구하고 발전시킨다. 국민이라면 누구나 직업을 선택하고 준비하는 데 있어서 차별받지 않아야 한다. 정부는 하루빨리 공정의 가치에 반(反)하는 제도들을 하나하나 찾아내서 국민의 권익을 위해서 폐기해야 한다.

변호사 예비시험 제도 도입의 긍정적 효과

변호사 예비시험 제도의 긍정적 측면을 살펴보면

다양한 배경의 변호사의 양성을 촉진: 예비시험 제도는 로스쿨에 진학하지 않은 사람들에게도 변호사시험 응시 자격을 부여함으로써, 법조인 양성의 문턱을 낮추게 된다. 이는 현재에 로스쿨에서 다양한 배경을 가진 사람들을 법조계에 등용하는 취지를 제대로 살리지 못하는 문제점을 해결할 수 있다.

다양한 배경을 가진 사람들을 법조계에 진입시킴으로 국민의 다양한 법적인 수요를 충족시킬 수 있다.

마치 음식점이 "○○식당"이라는 간판을 내걸고 한식과 양식, 중식, 일식을 다 취급한다면 그 식당은 특화된 전문 음식점에 고객을 빼앗기기 쉽다. 음식점이 단품 전문점으로 승부하는 시대인 것처럼 변호사도 특화된 전문 영역의 법조 서비스로 승부하는 시장이 되었다. 다양한 직업 배경을 가진 사람들이 전문 영역의 변호사로 활동하는 것이 변호사나 의뢰인이 모두 만족하는 결과를 얻게 될 것이다. 예를 들면, 형사사건 전문, 민사사건 전문, 교통사고 전문, 상속세 전문, 사기 사건 전문, 과학기술 전문, 의료사고 전문, 법인세, 소득세 전문, M&A 전문, 외국 기업의 국내 투자 상담 전문 등등 수도 없이 많은 전문 분야로 분화될 수 있다.

법조계의 경쟁력 강화: 예비시험을 통해 선발된 변호사들은 로스쿨 출신 변호사들과 경쟁하게 되며, 이는 법조계의 전반적인 경쟁력을 강화하여 법조계의 질적 향상을 도모할 수 있다.

사회적 형평성 증진: 로스쿨에 진학하지 않고도 변호사시험에 응시할 수 있는 예비시험 제도는 경제적 여건이 어려운 사람들이나 3년이라는 기간 로스쿨에서 공부할 만한 시간을 낼 수 없는 사람들에게 적은 비용으로도 법조인이 되는 기회를 제공하여, 사회적인 형평성을 증진해서 이 사회가 공정사회로 나아가는 데 커다란 도움이 된다. 이러한 방법으로 모든 국민이 모든 분야의 직업 선택에서 차별받지 않을 기회를 나라에서 보장하면 그 나라는 부강해지고 건강한 사회가 되어 국민은 자기 나라에 대해 자부심을 느낄 수 있다. 이러한 나라는 지속적인 발전이 보장된다.

수시냐 정시냐

　대학 입시에 수시와 정시 제도가 있다. 2021년 입학 비율을 보면 수시가 77%, 정시가 23%이다. 대학과 고교는 정시보다 수시를 더 선호하지만, 학부모와 학생들은 정시를 더 선호한다. 정시를 주장하는 이들의 목소리는 공정한 실력으로 경쟁하고 싶다는 거다. 돈이나 부모의 능력 때문에 졌다고 느끼면 억울해서 잠이 오지 않는다는 사람이 적지 않다. 이것이 특히 2030 청년들이 느끼는 솔직한 심정이다.

　우리나라의 수시 입시 제도가 진정으로 공정한지 의문이다. 수시에서도 가장 문제가 되는 건 '학생부종합전형'인데, 대학이 어떤 기준으로 학생을 선발하는지 알 수 없어서 '깜깜이 전형'이라고 부른다. 합격과 불합격의 기준이 모호해서 부정이 개입될 여지가 많다.

　2019년의 '조국 사태'도 이 전형에서 발생했다.

　'조국 사태'의 주요 내용은 이것이다. 2009년 조국 서울대 교수는 자신이 주도한 서울대 국제학술대회에 고3이던 딸을 참여시켜 이 경력을 고대 입시자료에 추가했고, 또 단국대에서 자기 딸이 2주간 인턴을 하고서 SCI급 병리학 논문 제1 저자에 딸 이름을 등재 시키고 이 내용을 수시 전형에 제출해서 합격에 활용되었다. 그의 아들도 마찬가지로 수시 전형에서 비슷한 방법을 동원해서 합격 되었다. 조국 씨가정의 수시 전형 부정 입시는 빙산의 일각이다. 아마도 지나갔던 모든 수시 전형을 전부 재조사하고 수사한다면 온 나라가 뒤집어질 것이다.

'조국 사태'로 인해 새롭게 생긴 단어가 '스펙 품앗이'이다. 스펙 품앗이란 대학 수시 전형에서 부모들이 자녀의 입시 스펙을 서로 도와주는 행위를 말한다. 주로 부모가 교수, 의사, 사업가 등 고소득 전문직인 경우, 예를 들어 한 부모는 자녀를 대학 연구소 인턴으로 보내고, 다른 부모는 자녀를 제약회사 연구소 투어에 참여시키는 식으로 의사와 교수, 사업가 등 부모들이 서로의 인맥을 활용해 서로의 자녀에게 유리한 기회를 주고받는 것이다.

이러한 '스펙 품앗이'는 공정성을 해치는 문제라고 국민으로부터 맹렬한 비난을 받았다. 그러나 아직도 음으로 양으로 이러한 '스펙 품앗이'는 여전히 진행 중이다. 다만 '조국 사태' 이후에는 국민의 눈이 무서워 드러나지 않게 진행되고 있을 뿐이다. 이러한 '스펙 품앗이'는 결국 정시를 주장하는 학생들과 학부모들이 볼 때에는 '수시'가 공정이 보장된 계층이동 사다리를 걷어찬 제도로 받아들여진다.

대학 당국은 수시 합격생들이 대학 수업에서 성취도가 높다고 하고, 고교 교사들은 수시 비중을 높여야 학생들이 내신에 관심을 가지고 수업에 대한 교사의 장악력이 높아진다고 한다. 하지만 각종 수시 비리 때문에 학생과 학부모들은 정시를 더 선호하게 되었다.

입시에서 공정 가치가 더 중요한가, 아니면 창의력 있는 학생을 선발하기 위해 수시 비중을 늘려야 하는가를 선택해야 한다. 결론은 계층이동 사다리를 튼튼하게 세우기 위해 공정을 최우선에 두는 방향이 맞다. 이 방향이 공정성 유지와 국민 통합에 맞는다.

대학이 수시 평가가 실력 있는 학생들을 선발하는 데 좋은 제도라고 판단한다면, 수시를 시행하기 전에 공정성을 객관적이고 투명하게 보장할 수 있는 대안을 수험생과 학부모에게 제시해서 인정받아야 한다.

음악 콩쿠르 대회와 올림픽 경기 대회의 심판은 모든 선수를 공정하게 대우하려고 심혈을 기울인다. 음악 콩쿠르 대회에서는 여러 평가위원이 채점한 성적 중에서 최고점과 최저점을 제외한 점수들의 합계 평균 점수로 순위를 가린다. 평가위원 중에서 자신의 제자가 발표할 때는 평가위원이 될 수 없다. 공정해야 한다고 모두 눈 부릅뜨고 쳐다보고 있기 때문이다. 올림픽에서는 선수들의 성적을 즉시 공개해서 발표한다.

대학 수시 평가에서도 즉시성과 객관성, 투명성을 보강해 공정성을 보장할 수 있어야 한다. 수시 입시의 평가 결과는 입시생과 학부모에게 공개되어야 하고, 불합격된 수험생들이 왜 불합격되었는지 그 이유를 알 수 있도록 입시 정보가 제공되어야 한다. '깜깜이 전형'은 모든 시험에서 사라져야 한다.

연세대 입학처가 수시 입시 비리로 의심받아 수사 대상이 되자, 과거 몇 년간의 수시 평가 자료를 임의로 폐기 처분 한 일이 있었다. 이게 연세대만의 문제일까? 다른 대학들은 모두 깨끗할까? 만약 수시 입학 평가에 권력자나 부자들의 입김이 있다면 수시 제도의 근간이 흔들리는 거다.

공정이 무너지면 사회의 모든 것이 무너진다. 자칫하면 나라가 무너질 수도 있다. 따라서 공정을 훼손할 어떠한 조치도 양보해선 안 된다. 수시에서 공정이 보장되는 대책이 수립되기 전까지는 수시 입학을 제한해야 한다.

한국 양궁이 올림픽에서 항상 최고의 성적을 올리는 비결은 국가대표 선발 규정에 있다. 오직 과녁에 맞힌 점수만으로 선수를 공개적으로 선발한다. 지난 대회 우승자에게 예선이나 준결승을 뛰어넘어 결선 직행 혜택을 주거나, 학교 출신, 누구의 제자이냐 여부는 전혀 고려하지 않는다. 투명하고 공정한 경쟁을 통한 선발이 한국 양궁이 세계 최고인 이유다.

대학 수시 입시에서도 이처럼 투명하게 공개 경쟁할 수 있는 제도를 도입해야 한다. 각 대학은 수험생과 그 부모를 이해시켜야 할 책임이 있다. 부정 요소를 원천적으로 차단하는 것이 대한민국의 발전과 국민 통합에 유익하다.

대학 입시(수시) 비리 근절을 위한 대책들

입시 제도 개선을 위해 수시와 정시 비율을 조정하고, 입시 제도를 지속적으로 개선하여 공정한 경쟁 환경을 조성해야 한다. 입시 비리 예방을 위한 홍보를 강화하여 사회 전반의 인식을 개선해야 한다. 이 외에 구체적으로 적용할 사항들은 아래와 같다. 아래의 여러 가지 대책들은 입시 비리를 근절하여 공정한 사회를 지키는 데 약간의 도움이 될 수 있다. 그러나 **가장 근본적인 대책은 국민의 마음가짐**이다.

'**공정한 사회를 무너뜨리려는 세력들을 우리나라에서는 절대로 용납하지 않겠다**'는 국민 전체의 굳은 결심이다. 이 결심만 굳건하면 공정한 사회는 유지될 수 있다.

가) **입시 정보 공개 확대**: 수험생과 그의 가족이 확인 할 수 있도록 대학 입시 과정과 결과를 즉시 투명하게 공개한다.

나) **입시 관련 업무 겸직 금지**: 대학교수가 입시 관련 업무를 겸직하지 못하도록 규제한다.

다) **입시 비리 발생 시 대학 제재**: 입시 비리가 발생한 대학에 대해 정원 감축 등 행정명령과 교육부의 지원 사업에서 배제, 과거 10년간 받은 정부 지원금 환수 조치를 통해 제재를 가한다.

라) **학생과 교원들을 대상으로 입시 비리 예방 교육을 통한 윤리의식 강화**.

마) **입시 비리 관련 처벌 법률 강화**: 입시 비위를 저지른 교원 등 관련자들에 대해 파면 등 강력한 처벌을 부과, 징계 시효를 10년으로 연

장한다.

바) **입시 비리 조사 전담반 설치**: 교육부와 검찰, 경찰에 입시 비리 사건을 전담으로 조사하는 부서를 신설하여 철저한 조사를 진행한다.

사) **음대 등 실기 고사 녹음·녹화 의무화**: 실기 고사가 있는 대학은 평가 현장을 녹음·녹화하여 입시 비리 의혹이 있는 경우에 조사할 수 있도록 한다.

아) **외부 평가위원 비중 확대**: 실기 고사 시 외부 평가위원의 비중을 늘리고, 현장 입회 요원을 배치하여 외부 감시를 강화한다.

자) **과외 등 사전 접촉 금지**: 평가자와 사전 접촉한 자의 입학허가를 취소하는 규정을 대학 학칙에 추가한다. 현행 고등교육법은 학생 선발 업무를 맡은 교수 등 입학사정관이 학생과 '특수 관계(교육했던 경우, 친족인 경우 등)'일 경우 해당 학생 선발 과정을 회피토록 하고 있다. 수시 원서 접수 후 특수 관계라는 사실을 인지하면 대학 총장에 즉시 신고해야 한다는 것이다. 그런데 이를 위반할 시 처벌한다는 조항이 없어 실효성이 낮았다. 따라서 입시 업무를 맡은 대학교수가 응시생을 교육한 적이 있는 등 특수 관계임에도 이를 사전에 대학에 알리지 않으면 최대 5년 이하의 징역 또는 5,000만 원 이하의 벌금에 처하도록 한다.

차) **입시 비리 신고 시스템 구축**: 익명으로 입시 비리를 신고할 수 있는 시스템을 구축하여 비리 발생 시 신속하게 대응한다.

노동의 이중구조

우리나라의 노동시장은 대기업의 원청과 하청 관계로 인해 '1차 노동시장'과 '2차 노동시장'으로 나뉜다. 2024년 기준으로 1차 노동시장에는 약 1,500만 명이 종사하며 전체 임금 근로자의 약 40%를 차지한다. 반면, 2차 노동시장에는 약 1,200만 명이 종사한다. 2024년 기준으로 대기업 노조원의 평균 연봉은 7,000만 원, 2차 협력업체 근로자는 4,000만 원으로 약 1.8배 차이가 난다. 제조업 근속자 간의 임금 격차를 보면 더 한숨이 나온다. 한국의 20~30년간 근무한 제조업체 근속자는 신입사원보다 2.8배나 더 받는다. 독일 같은 경우에는 1.8배, 일본은 2.5배이다. 선배들이 다른 선진국에 비해 더 많이 가져가는 바람에 근속기간이 짧은 청년들은 생산성에 비해 조금밖에 못 받고 있다. 대기업노조 정규직이 중소기업 비정규직보다 3배나 더 받는다. 노동시장의 성골인 대기업 정규직 노조원들을 위해 청년들과 중소기업 비정규직 노동자들이 희생되는 구조다.

아무리 노력하고 가난을 벗어나려고 발버둥질 쳐봐도 희망이 보이지 않는다는 20대 청년 소희가 있다. 소희는 기초수급자인 어려운 환경에서 자라왔지만 톡 부러지고 자기 의견이 뚜렷했다.

> "저는 절실하게 대학에 가서 잘되고 싶었어요. 그냥 잘되고 싶었어요. 늘 포기하고 잃어버리고 사는데 어느 순간 딱 그런 생

각이 들었어요. 내가 이렇게 형편없으면 미래에 뭐가 되겠는가? 죽고 싶었지만 죽을 용기도 없는데 뭐라도 해야 하지 않을까. 처음에는 사실 대학 갈 생각이 없었어요. 아르바이트를 했는데, 보니까 다들 열심히 사는 거예요. 오는 손님들이 다 직장인이었는데 열심히 살아서, 나도 열심히 살고 싶은데 뭘 해야 할까 하다가 사회복지사 선생님이랑 이야기를 했어요.

"네가 지금 이렇게 사는 게 지장이 없다면 계속 그렇게 살아도 되는데, 더 넓은 세상을 보고 싶으면 대학을 가라."

그 말이 되게 인상적이었어요. 내가 뭔가를 시작할 수 있겠구나. 그래서 저는 사회복지학과에 가려고 대학을 간 거예요. 대학은 수단이었어요. 그냥 계속 막연하게 누군가를 도와주는 일, 남을 위해서 사는 일을 하고 싶었어요. A대가 심리상담이랑 사회복지가 2개 같이 묶여 있어서, 그 2개를 복수전공 하는 게 꿈이었어요. 심리상담사보다 오히려 사회복지사가 더 좋지 않을까? 그냥 막연히 생각했어요. 심리상담사는 얘기만 들어주는 건데 사회복지사는 여러 가지를 할 수 있잖아요. 그런 게 되게 매력적이기도 했고, 전에 도와주셨던 선생님들이 다 사회복지사셔서."

대학에 다니는 것 자체도 집에서 경제적인 지원을 받을 수 없는 소희에게는 힘든 일이었다. 등록금은 기초생활 수급 가정이었으므로 국가로부터 지원을 받았지만, 교통비, 식비, 교재비 등이 만만치 않았다. 국가장학금에 있는 생활비 대출을 받아 썼고 졸업하자마자 갚아야 할 빚에 대한 부담이 커졌다.

> "대학교 다니다 보면 돈이 엄청 필요하잖아요. 다른 애들은 학교에 다닐 때 알바가 필수가 아닌 거예요. 하지만 저는 필수인 거예요. 쟤는 가만있어도 오십만 원, 백만 원씩 집에서 주는데 나는 아무리 열심히 해봤자 한 달에 삼사십만 원밖에 못 벌어요. 이것도 결국에는 나를 위해서 쓰는 게 아니에요. 그냥 교통비, 핸드폰 요금 같은 생활비로 쓰다 보면 제가 쓸 수 있는 돈이 없는 거예요. 한번은 너무 서러워서 학교에서 수업받다 운 적도 있어요. 신발이 찢어진 거예요. 엄마한테 사달라고 할 수도 없고, 내가 살 돈도 없고…"[*]

소희는 대학교를 졸업하고 사회복지사 1급 자격도 취득했으며 대학교 때에 받았던 학자금대출을 갚으면서 지금은 중소기업에서 사무직으로 일하고 있다. 중소기업의 정규직과 비정규직으로 일하는 청년들의 희생 뒤에는 대기업노조원들이 생산성에 초과하는 대우를 받으며 버티고 있다. 이는 대기업노조 기득권의 지대추구(地代追求)에 다름이 아니다. 대기업의 1, 2차 협력업체 중소기업 노동자들은 대기업 노동자들과 거의 대등한 노동 품질을 제공하면서도 현저히 적은 월급과

....
[*] 《가난한 아이들은 어떻게 어른이 되는가》. 강지나. 돌베개. 22~26p.

근무 현장에서 차별 대우 받는 이러한 구조적 문제는 대기업 경영진, 노조, 정부, 국회, 그리고 전 국민이 시급하게 해결해야만 하는 과제이다.

대기업의 협력업체 청년 용접공 천현우는 자신의 《쇳밥일지(청년공, 펜을 들다)》에서 자신이 원청 직원들과 다른 차별적인 대우를 받은 설움을 토해낸다.

"그해 7월과 8월은 여러모로 괴로웠다. 다른 것보다 육체가 괴로웠다. 처음 겪는 여름 용접의 고통은 상상 이상이었다. 현장에 냉방기 같은 건 없었다. 선풍기를 쐬자니 바람맞은 용접 부위에 구멍이 송송 뚫렸다. 결국 맨몸으로 버텨야 했고, 덕분에 매시간 힘이 쭉쭉 빠져나갔다. 육체를 한계까지 밀어붙였으면 잘 쉬기라도 해야 할 텐데 그마저 불가능. 점심시간에 쉴 장소조차 없었다. 점심시간만 되면 늘 몽롱했던 나날. 우연히 정직원들이 탈의실을 휴게실로 쓴다는 사실을 알게 되었다. 슬며시 따라 들어가 봤더니 불을 꺼놓고 에어컨 틀어놓은 채로 낮잠들 자고 있었다. 온몸의 근육이 따뜻한 치즈가 된 듯 축 늘어졌다. 노곤함을 부추기는 포만감과 내 고생을 안다는 듯 온몸에 부드럽게 감겨오는 찬바람에 그대로 뻗어버렸다. 점심시간 종료 오 분 전, 알람에 맞춰 일어나니 머리가 무척 개운했다. 가벼워진 몸으로 탈의실을 나가려 하던 그때, 정직원 아저씨 한 명이 뱁새눈 뜬 채로 문 앞을 막아서더니 하청직원은 여기 오면 안 된다고 말했다.

"아, 예… 죄송합니다."

돌아서서 현장으로 돌아가는 순간 입술이 떨렸다. 물론 차별에 나름의 논리는 있었다. 엄밀히 말해 노조가 회사와의 투쟁으로 얻어낸 협약의 산물을 비노조원과 나눌 이유는 없었다. 하지만 하청직원의 입장에선 서러웠다. 자기들은 냉방기 쐬어가며 일하면서, 우리보다 월급도 두 배 가까이 더 받으면서, 여름휴가 때 출근 안 하고 쉴 거 다 쉬면서, 어째서 잘 쉴 권리마저 독점하려 하는가. 차별의 설움은 이렇듯 사소한 곳에서부터 찾아왔다. 이날 이후로 노조원 개개인과는 친분을 가지되 단체는 신뢰하지 않게 되었다. 일터 안에서만 서러웠다면 모를까 회사 밖마저 고통만 도사렸다. 200만 원이 될까 말까 한 월급으로 다달이 140만 원을 갚아 나가다 보니 하루하루 목숨 부지밖에 할 수 없었다."*

노동의 이중구조 해소를 위한 사회적 대타협이 이 시대의 요구

대기업노조의 노동자가 생산성에 비해 과도하게 높은 월급을 받는 것은 모순이다. 노조의 임금 투쟁 결과로 노조원은 노동생산성에 비

---

* 《쇳밥일지(청년공, 펜을 들다)》. 천현우. 문학동네. 146~147p.

해 과도한 임금을 받고, 노조가 없는 협력업체의 직원들은 그들이 하는 일의 생산성에 비해 제대로 대우를 받지 못하고 있다. 공정사회를 만들기 위해, 이러한 노동의 이중구조는 반드시 고쳐야 한다. 노조 구성조차 어렵고 열악한 환경에서 일하는 노동자들의 권익을 위해서라도 노동의 이중구조는 반드시 바뀌어야 한다.

연공서열식 급여체계를 담당 직무별 급여체계로 바꾸어야

이를 위해서는 연공서열식 급여체계를 담당 직무별 급여체계로 바꾸는 것이 필요하다. 우리나라도 이제 선진국인 만큼, 대기업과 협력업체의 급여 비율을 선진국 수준으로 맞추어야 한다. 저임금 노동자의 급여를 더 많이 올리는 개혁이 필요하며, 이에 대한 사회적 합의가 필요하다. 대졸자와 고졸자, 남성과 여성 간의 월급 차이도 시급히 개선해야 한다. 급여에 있어서 학력과 성별 차이로 차별받는 것은 빨리 시정되어야 하고 오직 능력을 공정하게 평가받는 사회로 전환되어야 한다.

능력을 공정하게 평가하는 문화를 정착시키기 위해서 정부가 먼저 발 벗고 나서야 한다. 현재 공공기관과 공기업의 연공서열식 급여체계를 직무별 급여체계로 바꾸는 기관에 금융지원을 더해주거나, 정책적인 혜택을 제공하는 방향을 제시하고 실행해야 한다. 또한 정부 물자를 민간기업으로부터 조달받는 기업을 선정할 때에 직무별 급여체계로 전환된 기업에 가점을 준다든지 해서 민간기업의 직무급 도입을 유도해야 한다. 양극화 해소는 결국 기득권과의 싸움이다.

외국인 근로자제도

생산성 떨어지는 외국인에게 내국인과 같은 대우는 내국인에 대한 역차별

경기 김포에서 자동차와 원자력발전소에 들어가는 주물 제품을 만드는 A사 대표의 말이다.

> "젊은 사람들을 몇 번 채용했는데 일이 힘들어 며칠 버티지 못하고 다 퇴사해서 그나마 외국인 근로자라도 있어야 공장이 돌아갑니다. 외국인은 입사 첫해에는 언어 문제 등으로 업무 수행이 내국인의 60~70%밖에 안 됩니다. 최근에는 3년간 성실하게 근무해 오던 외국인 근로자가 갑자기 자기 나라로 돌아가겠다고 퇴사해서 퇴직금과 국민연금 등 이것저것 합치니 퇴사하면서 외국인 근로자가 한 번에 가져가는 금액이 2,200만 원에 달했습니다."

우리나라에 이주해서 사는 외국인들이 약 300만 명가량이다. 우리나라 인구의 5%를 넘었다. 이분들이 한국에서 직업을 가지고 살아가고 있는데 이분들이 한국 사회에 적응하는 과정에서 차별받지 않을까를 염려하는 이들이 많았고, 아직도 일부 직업 환경에서 차별의 존재를 부인하기 어렵다. 그러나 현재의 문제는 국내의 기업에 다니고 있는 내국인 청년들이 역차별당하는 일들이 보다 많아지고 있다는 사실이다. 공정하지 못한 일이다. "싼 맛에 외국인을 쓴다."는 것은 옛말이 되었고, 최저임금 시행 규정에 의해 외국인 근로자의 급여 수준은 내국인 근로자의 97.3%에 달하는 것으로 나타났다. 반면에 노동생산성은 내국인의 60~90% 수준이다. 한국어 의사소통의 어려움으로 인해 업무 습득에 많은 시간이 필요하고, 이로 인한 생산성 저하를 고려해서 2년간의 수습 기간을 두어 최저임금을 구분해서 적용하자고 중소기업중앙회에서 정부에 건의서를 제출했다. 그러나 정부는 근로기준법과 국제노동기구(ILO) 협약에 의거해서 국적에 따른 차등 지급이 어렵다고 했다. 그렇지만 일본은 외국인 산업 연수생제도를 운영하여 산업 연수생에게 1~2년간 최저임금의 70%~80%만 지급한다.

대안: 한국어 의사소통 능력에 따른 차등 지급제도를 시행해야

내국인은 한국어 의사소통에 어려움이 없으므로 업무 숙련도 빠르다. 따라서 생산성도 금방 올라간다. 그러나 한국어 의사소통이 어려운 외국인의 경우는 업무 숙련이 더디고 생산성이 낮은 것이 현실이다. 이들을 대상으로 한국어 검정시험을 의무화하여 한국어 능력 자격시험을 취득한 외국인들에게는 내국인과 동등한 대우를 받게 한다. 이것은 국적에 의한 차별이 아니라 생산성에 따른 구별이다. 생산성에 맞게 대우하는 것으로 공정하다고 할 수 있다.

임금과 별도로 숙식을 제공하는 것도 내국인을 역차별하는 것

중소기업중앙회에 의하면 기업들은 외국인 1명당 월평균 40~50만 원의 숙식비를 부담하는 것으로 조사되었다. 결국 숙식비를 포함하면 외국인의 실질임금은 내국인보다 더 많은 결과가 된다. 한국 근로자를 역차별하는 것이다. 고용노동부가 숙식비를 외국인 근로자에게 징수할 수 있도록 업무 지침은 마련했지만 실제로 징수하는 기업은 전체 기업의 5% 정도로 유명무실하다. 한국 청년 근로자들 중에는 지방에서 도시로 이사해서 자취하는 청년들도 많다. 이들은 월세와 식비, 난방비 등을 스스로 부담해야 하는데, 외국인 근로자들은 전부 회사에서 부담해 준다고 하는 것은 한국 근로자에 대한 역차별이므로 마땅히 시정되어야 한다.

한국 근로자들에 대해서는 외국인 근로자에 부담하는 숙식비 비용만큼을 동등하게 현금으로 지불해야 마땅하다. 한국 근로자이든지 외국 근로자이든지 서로 간에 차별이 없이 생산성에 따라 동등하게 대우하는 것이 공정한 정책이다. 동남아시아와 동유럽 등 여러 나라에 '코리안 드림'이 널리 알려져 있다. 일단 한국에 취업만 하면 자국에서 버는 것보다 몇 배에서 심지어는 10배를 벌 수 있으며, 건강보험제도 완벽하고, 퇴직금에 국민연금까지 한국 사람과 차별 없이 누릴 수 있으니 한국이 이러한 나라의 근로자들에게 '봉' 노릇을 하는 것은 아닌지 걱정된다. 다만 이러한 상황 속에서 내국인이 역차별당하는 일이 없도록 세밀한 정책집행을 정부에 주문하고 싶다.

귀국 외국인 근로자에게 지급하는 국민연금 일시금 문제

현재 고용허가제로 국내에 입국하는 16개국 외국인 근로자 가운데 상호주의에 따라 라오스, 몽골, 중국, 스리랑카, 인도네시아, 우즈베키스탄, 키르기스스탄, 필리핀 등 8개국 근로자는 국민연금 의무 가입 대상이다. 이들은 퇴사하고 출국할 때에 퇴직금과 회사 부담분의 국민연금까지 받아 가기 때문에 사실상 이중 퇴직금에 가깝다. 국민연금의 취지는 노후생활 보장이다. 귀국하는 외국인 근로자에게 지급하는 일시금이 그들의 노후생활 보장과 무슨 관계가 있나? 외국인 근로자가 국내에 정착하여 노후생활 할 경우에만 회사 부담분을 받도록 하고, 중간에 퇴직한다면 회사 부담분을 지급하지 않는 것이 합당할 것 같다. 위의 상호주의에 의해 8개국에 근무하는 한국인들이 받는 혜택이 어떤지 상황을 다시 점검해서 동등한 수준으로 다시 고쳐야 할 필요가 있다. 가능하면 한국에 장기 근무한 외국인 인재들이 한국 시민권을 가지고 한국에 정착하도록 유도하고, 만일 외국 근로자가 영구 귀국하면 회사 부담분은 다시 회사로 반환해야 한다. 국민연금은 가입자의 노후보장을 위해 적립하고 연금으로 지급하는 것이 이 제도의 취지인 만큼 취지대로 운영되도록 국민연금 시행법을 고쳐야 한다.

혁신

혁신의 의미와
사회적 가치

혁신(革新)의 어원에 대해서 살펴보면 흥미롭다. '변화를 통해 새로운 것을 창조한다'는 뜻이다. '가죽을 새롭게 하다'라는 것으로 옛날 중국의 시장통에서 돼지나 소, 양, 염소 등 동물의 가죽으로 가죽옷을 만들려고 시도했었다. 짐승의 가죽을 그대로 사람의 옷으로 만들자니 쉽게 찢어지거나 해어져서 옷감으로는 적당하지 않다는 것을 알게 되었다. 그래서 짐승의 가죽을 삶아서 그 위에 다른 염료나 약품을 발라서 또 삶고 두드리고 하다 보니 가죽이 질겨지고 광택도 나고 해서 옷감으로 쓸만하게 되었다고 한다. 이 가죽으로 옷을 만들어 시장에 파니 날개 돋친 듯이 잘 팔렸고 이에 너도나도 가죽옷 만드는 공정에 참여하자 점점 더 좋은 가죽옷이 되었다는 이야기다. 그저 평범한 짐승의 가죽이 고부가가치의 가죽옷으로 바뀌는 것 이것이 혁신이다.

혁신이 가져오는 사회적 가치는 크고도 귀하다. 혁신이 일어난 사회의 구성원 모두에게 혜택이 돌아가기 때문이다. 영국에서 일어난 2차산업혁명은 수많은 사람에게 무진장의 일자리를 제공해서 사람들을 가난에서 구출시켰다. 병으로부터 생명을 지켜내어 인구의 수명을 획기적으로 늘렸다. 전구를 발명한 에디슨은 해가 지고 나서 찾아온 칠흑 같은 어두움을 대낮과 같이 밝혀놓았다. 사실상 전구의 발명은 3차 산업혁명의 시발점이 되었다. 에디슨이 발명한 전구의 밝은 빛 아래서 밤을 낮처럼 일하던 엔지니어들에 의해 자동차와 선박과 항공기와 자동 컨베이어와 여러 가지 자동화 라인들이 개발되었기 때문이다. 혁신은 문명을 꽃피워 인류의 삶을 풍요롭게 했다. 부를 창출하고 여가를 만들어 내어 인류에게 안락한 삶을 제공했다.

'혁신'은 어디서 오는가?

영감(靈感)과 상상력(想像力)과 통찰(洞察)과 창의(創意)는 혁신(革新)의 촉매들이다. 영감을 불꽃이라고 한다면 창의는 불꽃을 활활 타오르게 하는 기름이고, 불꽃이 기름을 만나 활활 타듯이 영감이 창의를 만나 활활 타서 우리에게 따뜻한 열을 만들어 주는 그 에너지가 바로 혁신이다.

혁신은 영감에서 시작해서 창의를 거쳐서 종착점에 도착한 결과물인데 그렇다면 이러한 혁신은 어디서 오는가?

옛날 아르키메데스는 시라쿠사의 왕 히어론 1세로부터 왕관이 순금으로 만들었는지 조사하라는 명을 받고, 그 문제를 풀기 위해 몰두하면서 고민에 빠져 있었다. 그러던 어느 날 목욕탕의 욕조에 들어가면서 욕조 안의 물이 자기 몸의 부피만큼 흘러넘치는 것을 보고 자신도 모르게 "이거다(Eureca)!"라고 외쳤다.

사람이 자기 몸을 목욕탕 속에 담그면 물에 잠기는 부분의 부피만큼 물을 아래로 밀어낸다. 그러면 물이 가득 차 있던 욕조에서 사람의 체중만큼의 물이 욕조 밖으로 흘러넘치게 된다. 배가 바다에 뜨는 것이 바로 부력의 원리 때문이다.

바다에 떠 있는 배에서 물에 잠긴 부분만큼의 물의 무게보다 배의 무게가 가벼우면 배가 뜨고, 배의 무게가 물에 잠긴 부분만큼의 부피의 물의 무게보다 무거우면 가라앉는다. 이것이 부력의 원리이다. 어린아이들이 자주 질문하는 것 중에 왜 무거운 배는 뜨고, 가벼운 동전은 가라앉는지 궁금해한다. 동전은 대부분 구리로 만들어졌고 물보다 9배나 더 무겁다. 동전의 모양으로 보면 동전이 물속에서 받는 부력보다 동전의 무게가 훨씬 무거우니까 밑바닥으로 가라앉는다. 그런데 동전을 망치로 두드려서 아주 얇게 만들어 바닥이 평평하게 배의 모양으로 해서 물과의 접촉면을 넓게 만든다면 물에 뜰 수도 있다. 같은 무게의 동전이라도 물의 부력을 잘 받도록 물에 닿는 접촉 면적을 넓히면 물보다 9배나 무거운 구리판도 물에 뜰 수 있게 된다. 심지어 콘크리트로도 배를 만들에 바다에 띄울 수 있다. 미국이 제2차 세계대전에 참여하면서 막대한 양의 철판으로 배를 만들다 보니 철강 재료가 부족해서 한때는 콘크리트로 배를 만든 적도 있었다.

만일 금 세공업자가 왕관을 구리로 만든 다음 겉에 금으로 도금해서 왕을 속였다면 들켰을 것이다. 사실 아르키메데스가 왕이 세공업자에게 내준 양만큼의 금과 완성된 왕관을 각각 바구니에 달아서 욕조에 띄워 넘치는 물의 양으로 검사했는데 이렇게 할 필요도 없었다. 그냥 왕관을 무게로 달아서 처음 세공업자에게 주었던 금의 무게와 비교해 보면 금방 알 수 있을 만한 쉬운 문제였다. 금의 비중은 19.3이고 구리의 비중은 8.9이기 때문에 만일 금 세공업자가 왕관을 구리로 만든 다음 겉에 금으로 도금해서 왕을 속였다면 왕관의 무게는 원래 금의 무게의 절반보다 조금 더 무거운 정도에 그쳤을 것이다.

괴테의 《파우스트》에 보면 **"계속 노력하면서 몰두하는 자는 구제받을 수 있다."** 라는 구절이 나오는데 영감을 얻기 위해 몰두하며 계속 고민하는 사람은 결국에 가서 영감을 얻어 구제받을 수 있는 것이라고 이해해도 좋을듯하다.

"한국의 어린이용 스낵시장에서 50년 이상 베스트셀러 자리를 지키고 있는 제품 중 '새우깡'이 있다. 새우깡은 1971년 ㈜농심이 처음 개발했다. 한 제품이 이렇게 오랫동안 베스트셀러 자리를 유지할 수 있었던 데는 그만한 노력과 정성이 들어갔기 때문이다. ㈜농심은 신제품의 개발과 제조 과정에서는 물론 개발 후 상품명을 짓는 데도 심혈을 기울였다. 원료에 새우가 들어갔으므로 '새우'라는 단어 뒤에 한두 글자를 더 붙여 간결한 이름을 짓고 싶은데, 마땅한 것이 생각나지 않아 고민하고 있었다. 그러던 어느 날, 신춘호 사장은 세 살 된 어린 딸이 아리랑 노래를 부르면서 놀다가 '랑'의 발음이 어려웠던지 "아리깡, 아리깡" 하는 소리를 들었다. 여기서 그는 '깡'이라는 음이 말을 배우기 시작하는 어린아이조차 쉽게 발음할 수 있고 맑은 음가(音價)를 가진다는 '이연연상(二連聯想)'적 신호를 얻어냈다. 이렇게 열정과 몰입으로 탄생한 제품 새우깡의 성공은 이후 이 회사의 주력 제품인 라면의 품질 혁신에 투자하는 자금원 역할을 톡톡히 하게 되었다."*

역사상 가장 혁신적인 인물을 꼽으라면 단연히 발명가 에디슨을 꼽을 수 있다. 그는 평범한 사람이었지만 동시에 비범한 통찰력과 열정을 가지고 세상을 바꾼 사람이었다. 에디슨의 삶을 관찰해서 혁신이 어디서 오는지 살펴본다.

첫째: 혁신은 '문제 인식'에서 온다.

에디슨은 항상 문제를 발견하고 이를 해결하려는 갈망으로 가득했다. 그의 가장 유명한 발명품인 백열전구는 단순한 아이디어가 아니었다. 당시 사람들이 사용하는 가스등은 불안정하고 위험했다. 따라서 이를 대체할 안전하고 효율적인 빛을 낼 수 있는 등(燈)이 미국의 모든 가정에 시급하게 필요했다. 에디슨은 이 문제를 진지하게 받아들여 "안전하면서 더 밝은 빛"을 찾는 목표를 가지고 백열전구 개발에

---

* 《생의 정도》. 윤석철. 위즈덤하우스. 224~225p.

도전했다.

여기서 우리가 배워야 할 중요한 교훈은, 혁신은 '문제에 대한 민감한 관찰'에서 시작된다는 것이다. 많은 이들이 일상생활 속에서 불편함을 보고 느껴도 그냥 지나치지만, 에디슨은 그냥 지나치지 않았고 이 불편함을 기회로 삼아 실질적인 해결책에 매달렸다. 우리가 살아가면서 마주치는 불편함이 바로 혁신의 씨앗이다. 위에서 사례를 든 바와 같이 아르키메데스나 농심의 신춘호 회장처럼 '문제 해결'에 매달리는 순간부터 혁신이 시작된다. 혁신의 본질이란 문제를 기회로 바꾸는 힘이다. 혁신은 문제를 기회로 전환하고, 이를 바탕으로 기존의 관념을 깨는 새로운 해답을 찾아내는 과정에서 힘을 발휘하기 때문이다.

오늘날 2030 세대가 주로 사용하는 배달 앱(Application)은 어떻게 등장하게 되었을까? 한 청년이 자신이 야근 후 저녁을 먹으려고 했을 때, 주변 식당이 문을 닫아 좌절한 경험에서 출발했다. 그는 같은 문제를 경험할 수많은 이들을 떠올렸고, 이를 해결하기 위해 앱을 통해 음식점과 고객을 연결하는 플랫폼을 개발하게 되었다. 작은 불편에서 출발한 그의 해결책은 이후 많은 이들의 삶의 방식을 완전히 바꾸어 놓았다. 마찬가지로 2030 청년들이 많이 이용하는 구독형 전자책 플랫폼의 혁신인 '밀리의 서재'는 청년들이 기존의 종이책을 사는 데 경제적인 부담을 느끼고 있다는 점을 발견했다. 그들은 이러한 필요를 해결하기 위해 디지털 친화적인 환경을 제공함과 동시에 독서의 문턱을 낮추어 청년들의 관심을 끌었다. 공유경제를 활용한 모빌리티의 혁신을 이룬 '쏘카'는 차를 구매할 돈이 부족한 청년들을 대상으로 필요한 시간에 차량을 대여할 수 있는 시스템을 만들어 청년들의 필요를 채워줌으로 성공하였다. '당근마켓'은 2030 청년층 사이에서 큰 인기를 얻고 있는 중고 거래 플랫폼이다. 이 플랫폼의 성공 요인은 사용자가 가까운 곳에서 거래 상대를 찾을 수 있도록 거래의 편리성과 신뢰도를 높였고, 사용자 친화적인 인터페이스에 간결하고 직관적인 디자인은 2030 세대의 마음을 사로잡았다. 사용자는 복잡한 절차 없이 빠르고 쉽게 거래를 진행할 수 있다. 당근마켓의 성공은 단순한 기술적 혁신뿐 아니라 지역사회의 필요를 파악하고 이를 충족시킨 결과이다. 빌라 전세 사기 사건에 부동산 중개사까지 개입되어 있었다는 것을 알게 된 2030 청년들은 당근마켓에서 직접 전셋집을 구하고 집을 사고팔기도 한다. 매수자와 매도자가 서로 매매를 합의한 다음에 법무사를 불러서 부동산 매매계약서를 전달하여 등기수속을 밟으면 그만이다. 일반적으로 법무사의 대행 수수료가 부동산 중개사의 중개수수료보다 훨씬 싸니까 부동산을 사고파는 쌍방이 모두 이익이다. 이처럼 우리 사회의 불편한 것들을 찾아서 그것을 편리하게 바꾸려는 시도가 바로 혁신으로 열매를 맺는다.

둘째: '실패를 두려워하지 않는 태도'가 혁신으로 이끈다.

실패가 두려워 시도조차 하지 않는다면, 혁신은 결코 일어날 수 없다. 세계적인 기업가 일론 머스크는 한 인터뷰에서 "실패를 자신의 가장 큰 자산으로 여긴다."고 말하며, 실패의 반복 속에서 새로운 학습과 도전을 가능하게 했다고 주장한다. "천재는 1퍼센트의 영감과 99퍼센트의 땀으로 이루어진다."는 에디슨의 가장 유명한 말이다. "나는 실패한 적이 없다. 단지 1만 가지 작동하지 않는 방법을 발견했을 뿐"이라며 '99퍼센트의 땀'은 결국 에디슨의 끈기와 실패에 대한 관점을 잘 보여준다. 자신의 1만 번의 시행착오는 실패가 아니며, 해결책이 아닌 방법인 1만 가지를 실험으로 확인한 것이기 때문에 그만큼 성공에 가까워졌다고 스스로 평가하였다. 1만 번의 시행착오가 없었다면 그가 얻었던 수많은 발명도 없었을 것으로 단언한다. 그가 말하는 발명가의 조건은 새벽 6시부터 일을 시작해서 시간에 구애됨 없이 일을 할 수 있어야 한다고 말했는데, 이 의미는 다음 날 새벽 2시까지 일을 할 마음의 준비를 말한다. 그는 점심시간에 걸어서 10분이면 다녀올 수 있는 가까운 거리인 집에 가는 시간도 아까워서 발명에 매진하는 일이 다반사였다. 그래서 늘 딸이 점심 도시락을 연구실에 가져다주었다. 그는 너무나 발명에 매달린 나머지 가정에 소홀해서 그의 첫 부인은 우울증에 걸려 결국 일찍 세상을 떠나기까지 하였다.

셋째: 혁신은 혼자 이루는 것이 아니라 팀워크의 힘이다.

많은 사람이 에디슨을 고독한 천재로 생각하지만, 그는 사실 자신만의 '발명공장'이라 불리는 연구소를 운영하며 다양한 팀원들과 협력했다. 그의 연구소는 당시 최첨단 장비와 다양한 분야의 전문가들이 모인 장소였으며, 이를 통해 복잡한 문제를 해결하고 혁신을 지속할 수 있었다. 그를 돕는 조수 중에는 세 부류의 전문가들이 있었다. 즉, 기계가공 전문가, 소재 선정 전문가, 메카트로닉 전문가들이 바로 그들이다. 당시 뉴저지의 먼로 공원에 있던 그의 발명공장에서 에디슨은 소재, 기계가공, 조립 전문가들과 함께 자신의 구상을 어떻게 상품화해야 할지 늘 서로 상의하였다. 에디슨과 그와 함께하는 전문가들은 떠오르는 아이디어를 전부 기록해 놓은 수백만 페이지에 달하는 3,500여 권의 상품개발 기술 노트를 남겨놓았다. 이 자료는 지금도 에디슨 역사 유적지에 보관되어 있다. 이러한 혁신의 팀은 현대의 혁신에도 중요한 교훈을 준다. 혁신적인 한 사람의 아이디어가 아무리 훌륭하다고 한들, 이를 현실화하기 위해서는 다양한 시각과 전문성을 가진 사람들의 도움이 절대적으로 필요하다. 특히 디지털 시대를 살아가는 2030 청년들도 다양한 네트워크와 팀워크를 활용해 혁신을 도모할 수 있는 특별한 강점을 살리면 에디슨과 같이 혁신적인 제품을 지금도 만들어 낼 수 있다.

넷째: 호기심과 끊임없는 학습이 혁신의 바탕이다.

에디슨은 새로운 기술과 아이디어를 탐구하는 데 열정적이었다. 그는 어린 시절부터 과학 실험에 몰두하며 스스로 학습하는 습관을 길렀고 성인이 된 후에도 전기, 화학, 물리학 등 다양한 분야에서 끊임없이 지식을 쌓으며 자신의 발명에 적용했다. 이는 혁신이란 단순히 하나의 순간적으로 번뜩이는 아이디어가 아니라, 지속적인 학습과 탐구에서 비롯된다는 것을 보여준다.

에디슨의 고백을 들어보자.

"나는 열두 살이 되던 해에 귀머거리가 되었습니다. 그때 나는 그랜드 트렁크 철도회사의 신문팔이로 자리를 막 얻어 일하고 있었습니다. 그곳에서 나는 서 있던 곳에서 귀가 매달린 채로 화물칸으로 끌어올려졌는데 이때 당한 부상으로 들을 수 없게 된 것 같습니다. 처음에는 귀에 통증이 왔으며 조금씩 난청증세를 느끼더니 결국에는 영화관에 가도 단어들이 간간이 들릴 정도로 심해졌지요. 그때부터 노는 것과 다른 오락거리들이 점점 재미가 없어지더군요. 그러나 나는 청력이 떠나버린 공백을 메울 수 있을 만큼 충분한 상상력을 갖고 있었습니다. 나는 많은 것을 놓치지 않기 위해 생각하는 습관을 들였습니다. 그리고 귀의 통증이 멎었을 때 나는 완전히 귀머거리가 되었죠. 아픔이 사라진 후, 청각장애는 처음부터 나를 독서에 빠지게 했습니다. 나의 피난처는 디트로이트 공공 도서관이었습니다. 나는 책장 맨 아래 칸에 있는 책부터 읽기 시작했고 책장 하나하나를 모두 읽어 나갔습니다. 나는 책을 읽은 것이 아니라 도서관 전체를 읽었던 것 같습니다. 그때 나는 더블린에서 출간된 '페니 도서관 전서'를 입수했는데 그 책도 처음부터 끝까지 읽었습니다."*

청각장애를 가지고 있는 소년에게 독서는 유일한 오락거리였을 것이므로 그는 독서에 빠져들었다. 과학과 참고도서뿐 아니라 문학 등 다양하게 읽어나갔다. 청각장애가 있으므로 다른 사람들과의 대화가

....
* 《에디슨의 두 개의 책상, 발명과 경영》. 블레인 매코믹. 남기만. 이지북(2002.8). 54p, 62p.

어렵게 되자 대신에 혼자 상상하고 노트에 메모하는 시간으로 보냈다. 이것이 그가 발명왕이 되는 데 결정적인 역할을 하였다.

혁신적인 국가 지도자의 파급효과

　　네이버, 다음, NHN, 안철수연구소, 셀트리온, 게임빌, 네오위즈의 공통점은 무엇일까? 벤처기업이라는 것과 정보통신 기업으로서 1998년~2002년 사이에 급성장한 회사들이라는 특징이 있다. 우리나라가 IMF 관리의 터널을 통과하던 때에 성장 발전한 회사들이다. 이 회사들은 오늘날 대한민국이 인터넷과 정보통신산업에서 강국으로 자리 잡는 데 커다란 역할을 하고 있다. 이 기업들이 크게 성장한 데에는 김대중 정부의 지원이 바탕을 이루고 있다. 1997년 11월, 한국은 외환위기를 겪으면서 IMF의 관리 체제로 들어갔다. 1995년~1998년까지 한보철강, 대우그룹, 기아자동차, 해태그룹, 조흥은행, 대한중석, 청구주택, 우방주택, 나산실업, 뉴코아, 미도파 등, 종금사, 증권사, 제조업체, 은행, 건설, 유통업체, 백화점 할 것 없이 수많은 대기업,

중견기업들이 무너져 내렸다. 이와 같은 상황에서 취임한 김대중 대통령은 경청하는 자세로, 주위의 참모와 전문가들의 의견을 귀담아듣고 취사선택하여 정책을 집행하였다. 심지어 취임 후에 새로운 내각을 편성함에 있어서도 당시 IMF 관리 체제를 속히 벗어나도록 전(前) 정부의 경제 관료들은 유임시키기도 했다.

김대중 대통령의 취임 후 국빈 자격으로 미국에 초청받을 기회를 만든 것은 외교부의 노력이 아니라 암벡스 사(社)의 이종문 회장이었다. 그는 실리콘 밸리의 한인 벤처기업인의 1세대였다. 그는 1970년도에 미국에 건너가 1982년 컴퓨터 그래픽카드 회사인 다이아몬드 컴퓨터시스템을 설립해 4억 6,000만 달러를 벌어들였다고 한다. 1996년에 암벡스 벤처그룹을 설립해 벤처캐피털리스트로도 변신했다. 그는 빌 클린턴 대통령에게 아시아 사정을 조언해 주는 자문역으로도 활동했는데 빌 클린턴 대통령에게 한국의 김대중 대통령을 빨리 만나도록 종용한 것이 받아들여지게 된다. 그래서 그 소식을 전하러 한국을 방문해서 김대중 대통령을 만난 자리에서,

> "우리가 지금의 위기를 극복하려면 실리콘 밸리 문화가 반드시 필요합니다. 한국에서도 세계 시장을 놀라게 할 강력한 벤처기업이 나와야 합니다. 그렇게 되려면 실리콘 밸리의 문화, 창업환경, 제도와 같은 핵심 요소를 한국에 심어야 합니다."*

....

* 《기업가정신, 실리콘밸리에서 답을 찾다》 양태용. 메디치미디어. 23p.

실리콘 밸리를 움직이고 있는 한국계 벤처기업인의 조언은 김대중 대통령에게도 강한 인상을 주게 되었다. 김대중 정부 역시 임기 내 IMF 조기졸업이라는 목표를 이루려면 임기 초부터 속도를 내야 했다. 당시에 국내의 경제적, 정치적 사정은 악화일로에 있었고, 한국의 미래에 대한 국제 사회의 비관론도 수그러들 줄 모르던 때였다. 아무튼 이종문 회장이 한국과 미국을 오가며 섭외한 결과는 1998년 6월 김대중 대통령의 미국 국빈 방문으로 성과를 맺었고, 김대중 대통령은 실리콘 밸리를 찾아 한국기업과 전략적 제휴와 한국에의 투자 확대를 요청하여 한국에 벤처기업 성장의 발판을 마련했다. 이종문 회장의 소개로 야후의 공동창업자 제리 양과도 만난 자리에서 "우리도 잘만 하면 이런 친구를 500명도 만들 수 있다."는 이 회장의 권고에 감동된 김대중 대통령은 "벤처산업을 키우겠다."는 결단을 내려 5,000개의 벤처 기업체를 양성하겠다는 포부를 추진했다.

독일로부터 차관을 얻기 위해 독일에 갔던 박정희 대통령은 아우토반 고속도로를 달리며 한국에도 이와 같은 고속도로를 만들어 산업을 부흥시키겠다고 결심했다. 박정희 대통령의 이러한 결심과 추진력으로 경부고속도로가 완성되었다. 이러한 성과로 박정희 대통령이 국민에게 존중받듯이, IMF 관리 체제의 어려움 속에서도 전문가들의 의견을 경청하여 벤처산업과 인터넷 정보통신산업 발전의 초석을 놓은 김대중 대통령의 결단도 존중받아야 마땅하다. 혁신적인 국가 지도자 한 사람의 선택과 결단이 국민에게 복을 가져다준다.

혁신을 추진하는 것이
쉽지 않은 이유

혁신을 추진하는 것이 쉽지 않은 이유는 혁신을 추구하는 사람 주위에 질투와 시기심을 가진 무리의 방해가 따르기 때문이다. 역사 속에서 이러한 방해로 인해 혁신자들이 나아갈 길을 막은 사례는 많다. 조선시대의 다산 정약용도 그 예시 중 하나이다.

정약용은 조선왕조 500년 동안 훌륭한 인물 중 1명으로 손꼽힌다. 그는 총명한 군주 정조의 총애를 받았고, 박학다식한 천재였다. 정약용은 백성을 사랑하며 애민주의에 바탕을 둔 경세치용의 대가였다. 그는 민생 안정을 국정 최고의 과제로 생각하며 일생을 매진했다.

정약용은 한강에 배다리를 설계 제작해 정조가 사도세자의 능에 행차할 때 요긴하게 사용하도록 했다. 또한 수원성 축조에 거중기를 설계 제작하여 공사를 빠르고 효율적으로 완성했다. 정약용은 혁신 엔지니어로서의 솜씨를 발휘해 백성들의 사랑과 존경을 받았다. 그는 왕의 특명을 받아 암행어사로서 경기도 일대를 순찰해서 당시 경기도 관찰사였던 서용보의 부정을 밝혀내고 처벌받게 했다. 이러한 악연으로 서용보는 정약용에게 앙심을 품고 끊임없이 공격했다. 결국 정약용은 18년간 억울한 유배 생활을 하느라 나라 사랑에 대한 그의 뜻을 제대로 펼치지 못했다.

이처럼 공정과 혁신을 추구하는 혁신가도 현실 정치에서 뜻을 펼치기 어려운 경우가 많다.

혁신을 추진하는 것이 쉽지 않은 또 다른 이유는 기득권 세력의 저항 때문이다.

1962년 캐나다 서스캐처원주에서는 토미 더글러스 총리가 무상의료 제도를 도입하려 했다. 의사들은 이를 '의료사회주의'라며 강력히 반대하고 파업을 벌였지만, 의사들의 파업 당일에 9개월 된 아기가 의사를 찾다가 사망하였고 이 사건으로 인해 시간이 지나면서 국민 여론이 악화된 데다가 주(州)정부는 영국에서 의사들을 모집해 대응했고, 결국 의사들은 민간의료보험 선택권을 보장받는 대신 메디케어 도입을 받아들였다. 이 사례는 국민과 여론의 지지가 혁신을 성공으로 이끌 수 있음을 보여준다. 어떤 개혁이나 혁신이든 기득권 세력의 저항과 반발을 피할 수는 없다. 다만 **혁신이 성공하는 경우는 원칙을 무너뜨리지 않는 선에서 기득권층의 극심한 반발을 넘어설 때일 것이**

다. 의료 개혁도 마찬가지다. 환자를 인질로 삼은 의사들의 반발이 아무리 거세더라도 이 허들을 넘어서지 않고는 실현될 수 없다.

의대 증원과 연관된 갈등의 해결 방법

의료 시스템의 개선

의사들이 반대하는 주요 이유 중 하나는 현재의 의료 시스템이 필수 의료 분야에 대한 보상이 부족하고, 의료사고에 대한 부담이 크기 때문이다. 이를 해결하기 위해 필수 의료 분야의 수가를 현실화하고, 의료사고에 대한 법적 보호를 강화하는 등의 의료 시스템을 개선한다. 이를 통해 의사들이 필수 의료 분야에 더 많이 참여할 수 있도록 유도한다.

의료 교육 환경 개선

의대 정원 증가로 인해 교육의 질이 저하될 수 있다는 우려를 해결하기 위해 의대 교수 인력을 확충하고, 교육 시설을 개선하는 등으로 노력한다. 또한, 의대생들이 충분한 실습 기회를 가질 수 있도록 병원과의 협력을 강화한다. 이를 통해 의사들이 교육의 질 저하에 대한 우려를 덜 수 있다. 의대 증원의 숫자에 대해서는 정부와 의사의 지속적인 협의를 통해 상호 조정하여 국민의 불편을 덜어주는 적극적인 행정으로 정부와 의사들 간의 한 발씩 양보를 국민은 기대한다.

국민과의 소통 강화

정부는 국민과의 소통을 강화하여 의대 정원 증가의 필요성과 이점에 대해 충분히 설명하고 국민이 정책의 필요성을 이해하고 지지할 수 있도록 의료 현장의 정확한 사정을 자주 국민에게 알려야 한다.

한국을 혁신 사회로 만들기 위한 정책

정부

나라의 씀씀이를 줄여야 하는 이유

국가의 총자산은 개인과 기업의 자산과 정부 자산의 합계이다. 정부가 개인과 기업의 부를 세금으로 거두어 가면, 그만큼 개인과 기업이 돈을 쓸 자유가 줄어든다. 정부 조직이 커질수록 세금을 많이 걷을 수밖에 없게 되고, 결과적으로 개인과 기업은 돈을 쓸 여유가 줄어들어 경제성장이 약해진다. 노자의 《도덕경》에서도 "정부 규제가 많을수록 백성이 가난해지고, 세금을 많이 거두면 백성이 굶주린다."고 했다. 그렇지만 정치인들 사이에서는 큰 정부와 작은 정부에 대한 논쟁이 끊이지 않는다.

국민으로부터 세금을 많이 거두어야 하는 큰 정부는 '내 삶을 책임지는 국가'라는 목표로 출발하여 성장보다 분배를 앞세운다. 늘 분배를 앞세우니 국가에 의존하려는 국민은 늘어나고, 정부 조직은 커지며 간섭과 규제가 많아진다. 반면에 작은 정부는 기업과 개인의 꼭 필요한 일에만 개입하고, 간섭을 줄이니까 정부 조직이 간소해진다. 정부의 규제와 간섭이 줄어들어 개인과 기업이 행복해지면 나라 전체가 행복해진다. 작은 정부는 국민의 창의와 자율을 중시한다. 공무원의 신분은 국민의 이익과 행복을 위해 일해야 하는 청지기이다. 일반적인 정치 성향으로 볼 때, 좌파 정부는 큰 정부를 지향하고, 우파 정부는 작은 정부를 지향한다.

작은 정부가 정답이다. 국민을 지금보다 행복하게 하고 세금을 적게 거두어 국민에게 돈을 쓸 자유를 돌려주는 것이 선(善)이다. 그래야 경제가 살아나고 기업들의 매출이 늘어나니까 신규 고용을 지속할 수 있다. 복지는 선택 복지로 취약계층을 돕는 데 그쳐야 한다. 우리나라 사람들이 부러워하던 보편복지의 천국이던 북유럽의 현재 상황이 세금을 적게 거두는 작은 정부로 가야 한다는 사실을 증명하고 있다.

'요람에서 무덤까지' 국가에서 모든 복지를 지원하는 복지 천국을 만들려고 했던 정책들은 이제 폐기처분당할 위기에 처해 있다. 출생부터, 교육, 의료, 실업급여 등 모든 것을 국민에게 퍼주다 보니 국민들이 게을러지고 일을 하려 하지 않는다. 정부의 복지정책에 기대고, 실업급여로도 기본적인 생활이 보장되니까 일을 하려 하지 않는 풍조가 사회에 만연해서 생산성은 떨어지고 세수가 부족해지니 이제 보편복지를 지탱할 힘이 없는 사회가 되어간다는 것이다.

북유럽의 대부분의 국가의 부가가치세는 20~25% 수준이다. 한국의 10%는 아주 싼 편에 속한다. 소득세도 한국보다 훨씬 비싸다. 이 모든 세금을 내야 하니 보편복지사회를 지탱하느라 국민들이 돈을 쓸 자유와 여유가 없다. 세금을 많이 내는 북유럽 주민들은 일을 하지 않고 정부의 복지혜택에 기대서 자기들이 내는 세금을 축내는 사람들을 경멸한다. 학교를 졸업하고 사지가 멀쩡한 청년이 직장도 안 다니고 부모의 집에 눌러앉아 지내는 모습을 보면 이웃 사람들은 손가락질한다고 한다. 정부에서 재정을 낭비하지는 않는지 철저히 감시하는데 그 이유는 국민들이 바로 세금을 많이 내는 국가의 주인이기 때문이다.

이 세상에 공짜 점심은 없다. 일부 정치 선동가들은 자기들의 힘으로 국민에게 넉넉한 삶을 보장할 수 있을 것처럼 선동하지만, 그러한 사회는 과거에도 없었고 현재에도 없으며 미래에도 없을 것이다. 모든 국민이 땀을 흘리고 지혜를 모아 함께 파이를 키우고 그 열매를 나누는 것 이외에 다른 길은 없다.

"국가가 국민의 삶을 책임진다."라고 주장했던 문재인 정부는 좌파 정부였다. "작은 정부가 좋다는 맹목적인 믿음을 버리라."던 문재인 정부의 5년간의 큰 정부의 폐해를 국민은 고스란히 겪어야만 했다. 해마다 50조 원씩 늘어나는 눈덩이 예산에다가 1,000조 원의 나랏빚, 집값을 50% 폭등시켜 놓고도 13%밖에 오르지 않았다고 강변하던 국토부 장관부터 결국 큰 정부는 국민에게 재앙을 가져다주었다.

이 세상의 가장 큰 정부는 사회주의 정부이다. 모든 것을 공산주의, 사회주의 정당이 좌지우지하는 사회에 혁신이 있을 리 없고 생산성이 올라갈 수 없다.

문재인 정부는 국민의 삶을 편안하게 해야 한다고 경찰과 소방 공무원과 기타 공무원을 포함해서 일시에 17만 명이나 늘렸다. 갑자기 늘어난 공무원과 함께 국가의 부채 비율도 GDP의 45%에서 50%로 늘어났다. 공무원이 늘어나면 해당 공무원의 월급만큼 국민의 세금 부담으로 그치지 않는다. 늘어난 공무원들이 그동안 없었던 각종 규제를 양산해서 개인과 기업에 영향력을 행사한다. 경영학의 대부 피터 드러커(Peter Drucker)는 **"기업은 경영이 나빠지면 스스로 구조조정을 통해 문제를 해결하는 반면에, 정부는 국가 경영이 어려워지면 정부 기구를 더 늘려 해결하려 한다."**고 지적했다.

파킨슨의 법칙
"세금 인상이 가능한 한 공무원은 무한정 증가한다."라고 하며 자기의 이름을 본떠 '파킨슨의 제1법칙'이라고 이름 지은 영국의 해군 사학자 노스코트 파킨슨(1909~1993)의 말이다. "공무원 수는 업무량과 무관하게 늘어만 간다." 파킨슨은 자신이 근무했던 영국 해군성 사례를 이론 입증의 논거로 제시했다. 1914년 62척이던 영국 주력 함정은 1928년 20척으로 67.7% 감소했고, 이 기간 동안 해군 병력도 14만 6,000명에서 10만 명으로 31.5% 줄었는 데 반해 해군성 공무원은 2,000명에서 3,569명으로 78.5%나 급증했다고 한다. 파킨슨이 말하기를 관리자는 밑에 있는 부하를 2배로 늘리고 업무도 2배로 늘리기를 좋아한다는 것이다. 관리자는 자기가 승진하기 위해 부하를 늘리려 하고 경쟁자는 늘어나지 않기를 바라면서 서로를 위해 일거리를 만들어 내는 경향도 있다고 했다. 파킨슨은 조직이 커질수록 조직의 낭비와 비효율이 커지는데 **"지출은 수입만큼 증가한다."**라고 하며 이를 '파킨슨의 제2법칙'으로 명명했다. 늘어난 공무원들은 애초에 하지 않아도 될 일을 쉽게 만들어 낸다. 대부분 비효율적인 지시나 감독, 보고나 승인 등 '관리를 위한 관리'만 추가될 뿐이다.

> "위원회를 늘리는 것만큼 비효율적인 행정은 없다. 위원회가 필요하더라도 극히 소수여야 한다. 전문성과 영속성을 살리려면 5명으로 위원회를 구성하는 게 이상적이다. 5명은 모이기도 쉽고, 긴밀한 관계를 유지하면서 신속하고도 효과적으로 의사결정을 내릴 수 있다. 민주적 과정을 과시하려고 이런저런 사람들을 끌어모으면 효과적인 회의 진행이 어려워진다. 위원이 20명 안팎이면 이너서클이 구성되고 나머지 사람

들은 들러리로 전락한다."

 탁견(卓見)이다. '파킨슨의 법칙'은 생산성과 무관하게 끊임없이 늘어나는 조직은 급속하게 관료화되고, 관료화된 조직에서는 인재들이 상사와 동료로부터 견제를 받아 혁신도 이룰 수 없으니 그러한 조직이 무슨 경쟁력이 있겠는가?

 '큰 정부'를 주장하는 사람들이 얼마나 국민을 힘들게 하는지 알 수 있다. 큰 정부에서는 더 많은 세금을 내기 위해서 국민은 허리띠를 더 졸라매야 하니 결국 국민의 돈을 쓸 자유를 빼앗아 가는 것이다.

 그래서 작은 정부로 가기 위해 해야 할 세 가지 정책 방향은 나라의 씀씀이를 줄이는 것, 공무원의 전문성을 강화하는 것, 규제 개혁으로 국민을 섬기는 정부가 되는 것이다.

 나라의 씀씀이를 줄이면 지대추구(Rent seeking)가 억제된다. 정부가 커지면 예산도 늘어나고, 이 예산을 나누려고 서로 매달리게 된다. 개인이나 기업이 정부의 소득 재분배 활동에 개입하면 경제성장이 저해된다. 정부 예산을 나누는 데 개입해 이익을 추구하는 이익집단은 특정 법을 통과시키거나 권리를 획득하기 위해 과대 선전하고 로비를 펼친다. 이러한 로비에 넘어가서 공무원이 이익집단의 포로가 되면 비효율적인 정부 예산사업이 늘어나기 때문에 공무원의 신분을 가진 사람들은 늘 긴장하면서 주권자 국민에 대한 봉사의 자세로 공정하고 투명하게 자기의 일을 올바로 처리해야 한다.

분배와 복지 지원은 취약층에 대한 선별 지원에 그쳐야 한다. 국고 보조금과 지원금을 원점에서 재검토해 낭비 요소를 없애야 한다.

정부가 재난 지원금 명목으로 전 국민에게 돈을 살포하면 국민이 정부에 의존하게 된다. 좌파 정치가들이 흔히 쓰고 싶은 방법이다. '국민의 삶을 책임지는 국가'라는 국정 지표는 사회주의와 전체주의를 실현하겠다는 속내를 드러내는 것이다. 자유민주주의 국가에서는 국민 스스로가 자기의 삶을 책임져야 한다. 다만 국가는 시장경쟁에서 패배한 사람들과 소수의 경제적인 약자들이 다시 재기할 수 있도록 도울 책임은 있다.

공무원의 전문성을 강화해야

정부 조직이 커지면 규제가 많아져 시장을 왜곡하고, 기업의 투자 의욕을 꺾어 사회가 불안해질 수 있다. 작지만 국민을 섬기는 정부로 만들기 위해 인사제도를 개혁해야 한다.

순환근무제도는 축소하거나 폐지해야

현재 공무원 인사제도는 부처별로 나뉘어 있어 업무의 연속성이 떨어진다. 2018년 기준으로 중앙행정기관의 과장급 평균 근무 기간은 18개월, 실·국장급은 16개월이다. 순환보직 근무를 하면서 다방면의 정책을 기획하고 실행하는 관리자(Generalist)로 길러진다.

> "2010년 과장급 이상 평균 재직기간이 약 1년인데 2018년에 1년 6개월 정도 됐다. 8년간 6개월 늘었다. 공무원이 자신의 일에 책임지고 기획했던 일을 끝까지 해내 결과를 볼 수 있도록 해줘야 한다. 2년도 너무 짧다. 업무에서 전문가가 되려면 최소 3년씩은 있어야 한다. 현재 4급 이하 공무원의 필수 보직 기간이 3년이다. 과장급 국장급은 2년으로 공무원 임용령에 정해져 있다. 그런데 그게 잘 지켜지지 않는다."

전 인사혁신처 황서종 처장의 이야기이다. 1년이 지나면 다른 부서로 갈 건데 현재의 업무에 애착을 느끼고 집중할 수 있을까? 그저 맨날 다음 자리나 알아보러 다니고 이곳저곳에 승진할 줄이 있는지 눈치나 살피기 바쁠 것이다. 공무원 임용도 업무의 전문성을 강화하는 방향으로 평균 재직기간을 늘리도록 개정해야 한다. **특히 식품안전, 기상예보, 방위산업 관리, 국가 보안, 간첩 수사, 출입국 관리, 민생 관련**(마약, 강력범죄 담당, 성매매, 보이스피싱) **산업안전 등 국민의 생활과 밀접한 분야의 담당들은 전문가제도로 지정하여 장기 근무와 보상 제도를 동시에 시행해야** 한다. 우리나라는 지금 마약과 보이스피싱 범죄로 국민의 안전에 비상이 걸려 있다. 그런데 이러한 업무를 담당했던 전문가가 좋은 평가를 받아서 다른 부서로 승진해서 이동하면 그가 가지고 있던 노하우는 사장되고 만다. 이러한 전문가는 현재 직무에서 계속 근무하게 하고 승진 대신에 처우를 개선하거나 다른 보상으로 현재의 직무에 충실하게 임하게 하는 것이 국민에게 이익이다. 이것이 전문가제도를 강화해야 할 이유이다.

순환근무를 시행했던 배경

공무원의 담당 업무에 따라 돈을 다루거나 돈과 연관 있는 정책을 집행하는 전문직 공무원들 주위에는 늘 정부의 돈의 집행과 연관해서 그 돈을 노리는 세력들이 존재한다. 그들은 담당 공무원들에게 뇌물을 주고 그보다 수십, 수백 배의 이익을 거두려고 호시탐탐 기회를 노리며 공무원들을 먹이로 삼으려는 무리들이다. 이들은 끊임없이 로비해서 담당 공무원을 자기편으로 끌어들이려고 한다.

> "이해관계를 같이하는 이익집단은 정부정책으로부터 얻을 수 있는 편익을 자신이 속한 집단이나 지역으로 유치하기 위해서 관청의 담당 공무원이나 영향력이 큰 정치가를 대상으로 여러 각도에서 로비를 펼치게 된다. 이익집단으로서는 각 부처의 공무원이 관리하는 각종 규제나 정책을 통해서 정부의 규모가 커짐에 따른 자신들의 조세부담은 최소한으로 줄이고, 자신들의 이익을 위하여 사용되는 정부지출은 최대화하는 것이 목표다. 공무원이나 정치인이 이런 이익집단의 포로가 되면 불필요하고 비효율적인 정부 예산사업이 확대되어 결과적으로 정부 실패를 불러온다."[*]

----

[*] 《정부 실패》, 소병희, 삼성경제연구소(2005), 53~54p.

정부는 이에 대한 대책의 일환으로 담당 공무원을 한 직책에 오래 근무하지 못하도록 순환하여 배치한다. 이러한 인사제도는 공무원의 부정 개입을 막는 데 약간의 도움이 될지도 모르나 여러 가지 문제를 일으킨다. 업무를 파악할 때쯤 새로운 보직으로 옮겨 가야 해서 주도적으로 일하기보다 지시에 따라 일하게 되니 업무의 연속성이 떨어지고, 후임자는 처음부터 새로 시작해야 한다. 따라서 중앙정부 조직을 직무군제로 재편하고, 전문가로 구성된 조직을 만들어야 한다.

선진국은 한 분야에 10년~20년씩 연구하고 정책을 실행하는 전문가(Specialist)가 많다. 우리도 제너럴리스트(Generalist) 숫자를 줄이고 스페셜리스트를 늘리는 방향으로 변화가 필요하다. 전문성을 강화하기 위해 인사를 직무별로 바꾸고, 적성에 맞는 일을 찾도록 배려해야 한다. 국무총리실 산하 인사혁신처장을 부처를 초월한 인력조정실장으로 겸임해 공무원 전체의 생산성을 높이는 방향으로 인력을 배치해야 한다.

또한, 대민 행정업무에 인공지능을 활용해 업무의 낭비 요소와 부정부패를 차단하고, 업무를 투명하고 간소화해야 한다. 공무원이 자부심을 가지고 일할 수 있도록 지원과 교육을 병행하고, 민간이 더 잘할 수 있는 업무는 민간으로 이양하여 세금 부담을 줄여야 한다.

'공무원 성공보수 제도'의 필요성

'성공보수 제도'란 의뢰인과 대리인 사이의 상호계약에 의해 맺어지는 제도를 말한다. 예를 들면 민형사사건의 의뢰인이 대리인인 변호사와의 변론 계약을 맺을 때 사건당 얼마를 주기로 했다면 변호사로서는 그 사건이 어떤 판결을 받든지 이미 받아야 할 보수는 받았기 때문에 자기 의뢰인을 위해서 열심히 일할 유인이 줄어들어 변론을 위해 최선을 다하지 않을 가능성이 높다. 그러나 의뢰인이 승소할 경우에 이긴 금액의 30%를 성공보수로 준다고 한다면 대리인은 어떻게 해서라도 자기 의뢰인이 더 많은 금액을 보상받을 수 있도록 노력할 것이다.

즉, 성공보수라는 제도는 의뢰인의 이익과 대리인의 이익을 일치시켜 대리인이 의뢰인의 이익을 위해 열심히 일할 수밖에 없도록 만드는 장치이다. 국민의 대리인인 공무원이 자기의 의뢰인인 국민을 위해 열심히 일하게 만드는 것 즉, 공무원의 이익과 국민의 이익이 일치하게 만드는 장치, 이것이 '공무원 성공보수 제도'이다. 정부는 의뢰인인 국민의 위임을 받아 모든 일을 하는 대리인으로서의 공공기관이지만 공무원은 개인적인 입장에서는 누구나 한 개인으로서 사익을 추구하기 마련이다. 심지어 공직자 자신의 사익 추구가 의뢰인인 국민의 이익과 상반될 경우에도 주저하지 않고 공익 대신에 사리사욕을 택할 가능성도 늘 있다.

이상과 같이 공무원업무의 전문성을 강화하기 위해서는 한 자리에 오래 근무하게 하는 것만으로는 되지 않는다. 민간기업은 이익을 내야 내일이 있는 존재이다. 따라서 직원들이 모두 이익 내는 일에 매달리고 있으며 회사에서는 누가 얼마만큼의 회사 이익에 기여하는지 수시로 파악하고 있다. 그래서 이익을 내는 데 기여를 많이 한 사람들이 승진도 하고, 보너스도 받는다. 물론 공무원도 고과평가를 하지만 실제에는 능력 평가보다 연공서열 평가 분위기가 많다. 간소한 조직의 정부를 가지고 생산성과 혁신을 이루어 내려면 공무원들이 한 일에 대해서 객관적이고 공정한 평가를 거쳐 적절한 보상이 뒤따라야 한다. 이는 정부혁신의 당근 역할을 한다. 순환근무제도를 축소하거나 폐지하여 '직무별 전문가제도'를 정착시키려면 한 직책에 장기 근무로 인한 외부의 이해집단과의 유착을 방지하기 위해서라도 '공무원 성공 보수 제도'의 필요성이 생긴다. 담당 공무원이 청렴결백하고 공정하게 최선을 다해 이룩한 성과를 칭찬해 주고 보상해 주는 제도가 정착되면 외부의 유혹을 이길 수 있다. 이 평가를 공무원 내부에서만 해서는 안 된다. "누이 좋고 매부 좋은 식"으로 두리뭉실 내부에서 서로 결탁해서 공정한 평가를 해칠 수 있기 때문에 내부의 평가 결과를 외부 기관의 평가와 감사를 거쳐서 객관적인 평가의 공정성과 신뢰성을 유지해야 한다.

> "예를 들면, 누가 어떤 공무를 잘 수행했기에 포상을 받아야 하며, 누가 태만히 일을 했으므로 불이익을 감수해야 하는지를 밝힐 수 있어야 한다. 이를 위해서는 정부 업무를 기안하고 수행하는 담당자를 일일이 실명으로 기록해 두는 입안 실명제와 정책집행 담당자 실명제를 시행해야 한다. 물론 이런 기록의 보존 및 공개 의무화가 법으로 정해져 있음이 전제가 되어야 한다. 그리고 어떤 정부 업무나 공공사업이 얼마만큼의 공

익 증대를 가져왔는지에 대한 평가도 존재해야 한다. 또한 한 번 세운 원칙은 반드시 지켜져야 하며 이를 위해서는 정보의 공개와 공공기관운영의 투명성 보장이 필수 요소이다. 담당 공무원은 정책을 기안할 경우에 정부 개입의 타당성을 제시하는 개입 사유서를 작성하고, 정책입안자의 실명을 기재하는 입안 실명제를 실시해야 한다. 그리고 특정 정책의 성격 가운데 공공재적 성격의 비율, 발생할 수 있는 공익의 양, 필요한 지출액, 행정비용, 정책으로부터 예상되는 특정 수혜집단과 이들의 혜택, 이를 위한 재원을 마련하는 데 드는 기회비용 등을 제안서에 명시하도록 만들어야 할 것이다."*

이렇게 정부 업무를 기안하고 집행하는 담당자 실명제를 시행해 정책 시행에 대한 기록을 보존하여 공개하고, 상벌제도를 확실히 세워 공직자들이 동기부여를 가지고 일하도록 독려해야 한다. 이러한 방식으로 신상필벌이 확실한 공무원조직으로 만들어 가면 혁신적인 간소한 정예 멤버의 작은 정부를 만들 수 있다.

정부 실패의 주요 원인은 '공직자의 사익 추구'이다. 이를 방지하기 위해 '공무원 성공보수 제도'를 도입해야 한다. 그러면 작은 정부로도 국민을 충분히 행복하게 할 수 있다.

....
* 《정부 실패》. 소병천. 삼성경제연구소(2007). 111p.

부동산 투기를 억제해야

부동산 정책의 궁극적 목표는 주거 안정이다. 그런데 이러한 주거 안정의 정책을 제대로 시행하지 못하면 부동산 투기가 일어난다. 부동산 투기는 망국의 병이다. 생산을 통해서 부가가치를 창출하는 것과는 무관하게 단지 부동산값을 올려서 차익을 추구하는 것으로 결국 투기로 일어난 거품은 꺼지기 마련이며 일본이 거품붕괴로 잃어버린 30년을 보낸 것이 이를 입증한다. 부동산 투기는 소득·자산의 불평등과 양극화를 부추기고, 물가 상승과 가계 부채가 누적된다. 부동산 투기에 빠진 기업이 생산적인 투자보다 땅값 상승에 몰두하면 본업의 경쟁력이 약해지고, 임대료 상승은 자영업자의 경영을 압박하며, 청년들의 결혼 기피와 출생률 저하로 이어진다. 이러한 인구 감소는 소비가 줄어들게 되어 결과적으로 저성장과 경기 불황의 직접적인 원인이 된다. 따라서 부동산 투기의 억제는 모든 정권에서 가장 강력하게 꾸준히 시행해야 할 최우선의 정책이어야 한다.

부동산 투기가 일어나는 현상은 시중에 풀린 돈의 크기에 가장 먼저 영향을 받는다. 시중에 풀린 돈이 많으면 돈의 속성상 단기에 고소득을 올리려는 심리에 따라 움직인다. 2014년부터 2018년까지 시중에 풀린 돈의 위력을 문재인 정부는 눈치채지 못했다.

아파트 가격 폭등의 가장 큰 원인은 막대한 경상수지 흑자의 누적
우리나라의 아파트 가격 폭등의 가장 큰 원인은 막대한 경상수지 흑자의 누적이다. 한국은행 경제통계시스템에 따르면, 1997년 IMF 외환위기 이후 1998년부터 2020년까지 22년간 경상수지 흑자로 국내로 들어온 돈이 총 9,200억 달러가 넘었다. 특히 2014년부터 2018년까지 5년간의 경상수지 흑자 합계는 약 4,300억 달러로, 그 이전보다 2배 이상 늘었다.

이렇게 풀린 돈이 아파트 가격 폭등으로 그대로 이어졌다. 기업들의 시설투자와 제품 개발비로 사용한 돈이 부동산 가격을 밀어 올렸고, 투기꾼들은 아파트 담보대출을 받아 또 다른 아파트를 사재기했다. 이로 인한 피해는 오롯이 집 없는 서민들의 몫이었다.

문재인 정부가 아파트 가격 폭등이 임박했음을 사전에 알아채지 못한 결과 시의적절한 부동산 투기 대책을 실행하지 못했다는 것은 분명하다. 5년간(2014~2018)의 경상수지 흑자 약 600조 원 가운데 얼마 정도의 돈이 아파트와 땅 투기로 흘러들었는지는 정확히 계량할 수는 없지만, 아무튼 5년간의 경상수지 흑자의 합계가 그 이전의 15년간의 경상수지 흑자의 합계와 비슷했다는 것은 시중에 돈이 많이 풀린 정도가 과거에 비해 3배나 많이 풀렸다는 것을 입증한다. 공교롭게도 2014년은 우리나라가 처음으로 순 채무국에서 순 채권국으로 바뀐 해이다. 2013년까지는 무역흑자를 거두어서 남은 돈을 외국에서 빌린 돈에 대한 원금과 이자를 상환해야 했는데 2014년에 들어서서는 외국에 의무적으로 상환해야 할 필요가 없으므로 무역과 서비스수지의 흑자로 남은 돈이 고스란히 국내에 남게 되었다. 이렇게 국내에 남겨진 돈이 서서히 국내 물가를 밀어 올리면서 아파트 가격은 본격적인 상승세를 타게 되었다. 2014년부터 순 채권국이 되어 한 번도 가보지 못했던 길로 발걸음을 내딛게 된 대한민국은 국내에 쌓이게 되는 막대한 달러가 원화로 환전되어 시중에 풀리며 물가와 아파트값을 밀어 올리는 것이 집 없는 서민들의 생활에는 엄청난 위협이라는 사실을 깨달았어야 했다. 적어도 이명박 정부와 문재인 정부에서 주택정책을 관장하던 기획재정부, 국토부 고위 공무원들은 경상수지 흑자로 국내에 쌓이는 돈이 국민의 삶을 도리어 힘들게 할 수 있다는 사실을 깨닫고 선제적인 정책을 집행했어야만 했다. 그러나 불행하게도 그렇지 못했다. 그 결과로 수많은 서민을 길거리로 내몰고 피눈물을 흘리게 했다.

아파트 가격 폭등은 아파트 공급 부족과 투기꾼들의 합작품

아파트 가격 폭등의 두 번째 원인은 아파트 공급 부족이다. 2010년 이후부터 베이비부머 세대(1953~1963)의 자녀인 에코 세대(1978~1988)가 결혼해서 분가할 때가 된 것이 아파트 가격 폭등의 직접적인 원인이 되었다. 에코 세대에게 새로운 집이 필요한데, 정부는 아파트를 제대로 공급하지 못했다.

부동산 정책은 정권이 바뀌어도 국민의 주거 안정을 위해 꾸준히 추진해야 한다. 아파트는 국토부가 건설 계획을 세우고 나서 입주까지 최소 3~4년에서 10년이 걸린다. 그러나 정부는 주택이 충분하다고 하면서 아파트 가격 폭등을 투기꾼들 탓으로 돌렸다. 게다가 서울시는 도심 재생을 추진하면서 신축 아파트에 대한 시민의 실제적인 수요를 외면했다. 결국 아파트 가격 폭등을 방조한 셈이다.

문재인 정부가 아파트 사재기를 한 투기꾼들을 억제하지 못한 데다가, 결정적인 패착은 임대 사업자 특혜이다. '임대 사업'을 양성화해 전 월세시장을 안정화하겠다는 정부의 의도는 투기에 기름을 부은 결과가 되었다. 다주택자들에게 집을 내놓도록 압박해야 할 시점에 막대한 특혜까지 주면서 150만 채의 매물 잠김을 부추긴 꼴이 되었다. 책상머리에 앉아서 임대주택만 쳐다보다가 아파트 가격 폭등을 제어하지 못했다. 2018년 통계청 기준으로 보면, 서울시의 주택 중 다주택자 소유가 80만 채였고, 그중에 44만 채가 임대 등록된 상태였다.

지금이라도 강력한 보유세를 시행해 투기 세력이 아예 부동산 시장을 떠나도록 해야 한다. 투기 세력이 놀라서 뒤로 자빠질 정도의 세금이라야 투기하고자 하는 욕망이 사라질 것이다. 투기수요 거품이 빠지면 다주택자 보유분 수십만 채로도 실수요의 주택 공급은 충분하리라 생각한다. 정부의 주택 공급은 철저하게 공공임대나 국민주택 평형 규모의 중형 주택의 공공분양으로 국한될 필요가 있다.

살기에 편한 넓은 평수의 공공임대주택을 대거 공급해 '집은 사는 것이 아니라 사는 곳'이라는 개념을 국민에게 심어주는 것이 집값 안정의 확실한 처방이다. 집을 다 지어놓고 나서 분양하는 후분양제를 전면적으로 도입해서 집값에 거품이 낄 여지를 줄여야 한다.

또한 부동산 투기를 방지하기 위해서는 실효성 있는 다양한 정책을 계속 개발하고, 시행하여 주거 안정의 지속으로 국민의 생활을 편안하게 해야 한다. 다주택 보유자에 대한 보유세는 더 강화하고, 양도세는 인하한다. 정부에서 다주택 보유자 중에서 임대 사업을 하는 개인과 법인의 재무 상황을 분석해서 재무구조가 부실한 갭 투기 다주택 임대업자를 퇴출해야 전세사기로 인한 서민의 피해를 막을 수 있다.

부실한 임대업자를 가려내기 위해서 재무구조를 평가하고, 임차자가 계약만기에 보증금을 돌려줄 수 있을지를 신용으로 수시로 평가하여 재무구조 건전화를 유도해야 한다. 전세사기 대란도 임대업자가 고의로 사기를 벌이려 했다기보다 경기 상황에 따라 부실화되었다고 보는 것이 타당하다. 은행들의 건전성 평가를 위해서 스트레스 테스트를 하듯이 임대업자들도 이러한 스트레스 테스트를 거쳐서 부실 징후가 높은 임대업자들을 사전에 선별하여 시장에서 퇴출하거나 사업 규모를 축소하거나 하는 적극 행정이 필요하다. 은행의 자기자본비율을 12%로 정하고 이를 기준으로 건전성을 평가하듯이 임대업자들에 대한 건전성 평가 기준을 정해서 지속적으로 추진해서 청년과 서민 임차자들이 선의의 피해자가 되지 않도록 적극 행정을 펼쳐야 한다.

또한 기업들이 장기적으로 보유하고 있는 비업무용 토지가 부동산 투기의 원인을 제공하기도 하므로, 기업들이 제출한 투자계획서대로 시설투자를 하도록 독려해야 한다. 현장을 실사하여 투자 지속 가능성이 없는 비사업용 토지는 강제 매각하거나 인허가를 회수해 본업과 무관한 기업의 부동산 투자를 제한해야 한다. 싱가포르는 부동산 투기를 억제하기 위해 추가 구매자 인지세를 도입했다. 이는 외국인이나 다주택자가 부동산을 구매할 때 추가로 부과되는 세이다. 이를 통해 부동산 시장의 과열을 방지하고, 주택 가격 안정을 도모할 수 있다. 캐나다는 특정 지역에서 외국인의 부동산 구매를 제한하는 정책을 도입했다. 예를 들어, 밴쿠버와 토론토에서는 외국인이 주택을 구매할 때 추가 세금을 부과하거나 구매를 제한하여 부동산 시장의 안정성을 유지하고 있다. 이를 통해 외국인 투기 자본의 유입을 억제하고, 주택 가격 상승을 방지할 수 있었다. 독일은 임대료 상한제를 도입하여 부동산 투기를 억제하고 있다. 임대료 상승을 제한하여 주거비 부담을 줄이고, 주택 시장의 안정을 도모하는 정책이다.

부동산 투기자들은 법망을 요리조리 피해 가며 편법과 탈세를 저지른다. 정부는 부동산 투기자들을 색출하고 처벌하는 전담 기관을 만들어 아래와 같은 부동산 투기 행위들을 차단하여 부동산 가격 안정으로 국민에게 보답해야 한다.

부동산 투기 행위의 백태
기획부동산의 허위 과장 광고로 투기 조장과 사기 행위
개발 예정에 없는 토지를 싸게 사들인 다음, 개발될 것처럼 속여서 토지의 지분을 잘게 쪼개서 비싸게 파는 행위
피해 예방 대책: 정부의 개발 예정이 없는 토지는 잘게 쪼개서 분할하는 지분 등기를 법적으로 금지한다.

허위 계약서 작성으로 양도소득세 탈루 행위

위장 증여, 가등기, 근저당 설정의 방법으로 미등기 전매 행위

주택 청약 통장 매입, 매도 및 그 알선 행위

외지인으로서 위장 전입하여 부동산 투기 행위

사설 부동산 펀드와 동호회를 구성해서 몰려다니며 아파트 사재기 행위

중개업자가 부동산을 직접 매매하는 행위

미등록, 명의대여로 부동산 중개 행위

개발제한구역 내 차명으로 토지 취득하여 부동산실명법 위반 행위

이중 계약서 작성하고 차명 계좌로 자금세탁 하는 행위

분양권 불법 전매 행위

임대보증금 형식의 편법 증여 행위

가족 간 저가 양도에 의한 편법 증여 행위

가족 간 금전 거래로 편법 증여 행위

원화의 국제화와 국제투자은행의 육성

미국의 금리와 한국의 금리

2025년 1월 현재 미국의 기준금리가 4.25%~4.5%인 데 반해 한국의 기준금리는 3.0%이다. 미국은 기축통화국이고 달러 패권을 가진 나라로서 경제 규모나 자산 건전성이나 어느 면으로 보아도 한국의 기준금리가 미국보다 낮다는 것은 이해하기 어렵다. 한국에 투자하기보다 미국에 투자하는 것이 이자를 더 받을 수 있다는 것인데 이렇

게 금리 역전 현상이 생기는 이유는 한마디로 말해서 한국 경제가 튼튼하다는 것을 국제적으로 인정받고 있다고도 볼 수 있다. 그 배경에는 한국이 IMF의 금융지원을 받을 1997년 당시만 해도 순 채무국이었는데 2025년 지금은 순 채권국으로서 대외순자산이 1조 달러나 된다. 한국 정부와 기업과 금융투자 기관, 개인이 외국으로부터 빌린 돈과 받을 돈을 전부 더하고 빼보면 빌린 돈을 다 갚고도 1조 달러(국민 1인당 2만 달러; 약 3,000만 원)의 자산이 남는다. 1조 달러 규모의 순 채권국으로서 2025년 1월 현재 일본, 독일, 중국, 홍콩, 노르웨이, 싱가포르 뒤를 이어서 스위스, 네덜란드와 한국은 7위~9위의 경쟁을 하고 있다. 한국 경제는 규모 면에서나 질적인 수준에서나 20~30년 전과는 비교할 수 없을 정도로 발전했다. 이것을 국제적으로 인정받고 있기 때문에 한국에 투자하는 외국인 투자자들이 한국은행의 기준금리 3.0%를 받아들여 한국채권도 사고, 한국의 은행에 예금도 들고, 한국 주식도 산다. 가장 중요한 변화는 한국 경제의 안정성과 한국 수출기업들의 성장성에 투자하고 싶은 욕구가 외국 기관투자가들 사이에 여전하다는 것이다. 이것은 우리의 입장에서 볼 때에는 여간 다행스러운 일이 아니다. 이와 같은 바탕 위에서 우리는 보다 발전적인 방향으로 나아갈 길을 모색해서 나아가야 한다. 앞으로 나아갈 방향이란 원화의 국제화와 국제투자은행을 기르는 것이다.

한국 원화의 스트레스 테스트 결과

미국이나 일본 같은 기축통화국은 자국 화폐의 통화정책이 환율에 미치는 영향이 분명해서 정책의 결과를 예측할 수 있고 통화완화를 통해서 자국 기업의 수출을 돕는다든지 할 수 있는 반면에 한국은 이와 같은 정책을 마음대로 집행할 수 없고 항상 달러에 영향을 받을 수밖에 없다. 기축통화국이 아닌 나라의 설움이다.

그렇지만 한국 경제가 비록 소규모 개방경제라고 해도 자본과 외환시장에 대한 통제가 거의 없어서 기축통화국과 비슷한 환경을 가지고 있다.

워게임(War Game)은 아군과 적군 사이에 전쟁하는 것을 가정하에 가상적으로 아군과 적군이 전장에 투입하는 요소, 병력, 물자, 무기, 지형, 보급 능력, 정치적 상황 등의 요소들을 비교해 보는 것이다. 이를 근거로 하여 전쟁 발발 시 적군의 전략과 약점을 탐지하여 공격하고 아군을 방어하는 전략을 세울 수 있기 때문이다.

마찬가지로 국가화폐의 스트레스 테스트는 한 국가의 금융 시스템이 극한의 경제적 충격 상황에서도 얼마나 견딜 수 있는지를 평가하는 시험이다. 이는 금융기관의 재무 건전성을 평가하고, 잠재적 손실을 측정하여 위기 상황에 대비하는 데 사용된다. 스트레스 테스트는 다음과 같은 방법으로 수행된다. 과거의 위기 상황을 토대로 가상 시나리오를 설정하거나, 미래에 발생할 가능성이 있는 가상 시나리오를 설정한다. 예를 들어, 경기 침체, 금리 급등, 환율 변동 등의 상황을 가정해서 특정 리스크 요인을 정하고, 그 요인이 어느 수준으로 변할 때 금융 시스템에 미치는 영향을 측정한다. 각 시나리오별로 금융 시스템이 받게 될 잠재적 손실을 측정하고, 금융기관의 자본 적정성을 평가한다.

한국은행은 스트레스 테스트 모형(SAMP)을 통해 금융기관의 건전성을 평가하는데, 최근 테스트 결과에 따르면, 한국의 금융기관은 극한의 경제 충격 상황에서도 비교적 안정적인 자본 비율을 유지할 것으로 평가되었다. 한국의 원화는 국제 금융위기 등으로 통화충격이 발생할 경우에도 동남아시아의 여러 나라의 화폐와는 다르게 반응하는 것으로 나타났고, 원화가 거의 기축통화국처럼 반응하고 있다고 평가되었다.

위와 같은 사실들은 '원화의 국제화' 시기가 무르익었다는 것을 보여준다. 즉, 원화의 국제화는 더 이상 위기 발생 위험을 불러오는 요인이 아니라 선제적으로 코리아 디스카운트를 해소하여 국격을 향상시키는 길이 될 수 있다.

한국은 원화 가치를 공고히 하고 국제화를 촉진하기 위해 다음과 같은 정책들을 우선순위별로 시행해야 한다.

원화 국제화를 촉진하는 정책들
외환시장 개혁: 외환시장의 투명성과 효율성을 높이기 위해 외환 거래 규제를 완화하고, **24시간 외환 거래 시스템을 도입**한다. 이를 통해 외환 거래의 유동성을 높이고, 외환시장의 안정성을 강화할 수

있다.

금융 규제 완화: 외국환거래법을 개정하여 외환 거래와 관련된 규제를 완화하고, 금융기관의 외환 거래 참여를 확대한다. 특히 아시아 지역에서의 지역화폐로서 무역에 적용하고, 동남아시아 국가들과 원화 거래 업무를 취급하도록 해당 국가와 협의하고 또한 국내외 무역업체들에 적극적으로 원화를 사용할 것을 권고해야 한다. 국민이 해외여행에서도 '원화'를 사용할 수 있도록 홍보하고 지원하는 데 국내 금융기관들과 함께 정책의 준비와 시행을 서둘러야 한다.

첨단 산업 육성: 반도체, 전기차, 배터리 등 **고부가가치 산업에 대한 연구개발(R&D) 투자를 확대**하고, 규제를 완화하여 경쟁력을 강화한다. 이를 통해 수출 경쟁력을 높이고, 원화 가치를 안정시킬 수 있다.

친환경 산업 지원: 친환경 산업에 대한 지원을 강화하여 지속 가능한 경제성장을 도모한다. 이를 통해 국제 사회에서의 신뢰를 높이고, 원화 가치를 공고히 할 수 있다.

통화 스와프 협정 확대: 주요 교역국과의 통화 스와프를 확대하여 외환 유동성을 확보하고, 환율 변동성을 억제한다. 이를 통해 외환시장의 안정성을 높아지면 원화 가치를 국제적으로 인정받을 수 있다.

국제 금융 기구와의 협력: 국제통화기금(IMF) 등 국제 금융 기구와의 협력을 강화하여 외환시장의 투명성과 신뢰성을 높인다. 이를 통해 원화의 국제화를 촉진할 수 있다.

소비 촉진 정책: 내수 경제를 활성화하기 위해 소비 촉진 정책을 추진한다. 예를 들어, 세제 혜택을 제공하거나, 소비 쿠폰을 발행하여 소비를 촉진할 수 있다.

중소기업 지원: 중소기업에 대한 지원을 강화하여 일자리 창출과 경제성장을 도모한다. 이를 통해 내수 경제를 활성화하고, 원화 가치를 안정시킬 수 있다.

원화 국제화의 좋은 점

첫째, 외환위기의 그림자에 시달리지 않아도 된다. 우리가 OECD 회원국으로서 사실상 자본이 개방되어 있지만 원화 국제화가 되지 않은 탓에 수입의 대가로서 국제화된 통화를 지불할 능력이 안 되면 국내 생산은 멈춰버린다. 기축통화가 아닌 한 우리는 수출하는 만큼만 수입할 수 있다. 그런데 이에 반해 원화가 국제화가 되면 그 국제화의 정도의 크기만큼의 통화정책의 자율권을 가질 수 있다. 따라서 원화의 국제화를 크게 키우면 키울수록 그만큼 한국은행의 통화정책이 달라진다. 달러와 유로 등 기존의 기축통화에 대해서도 어느 정도 우리의 자율적인 권한을 가질 수 있다.

원화의 국제화가 커질수록 세계 시장에서 원화의 유동성이 늘어나므로 그만큼 우리나라의 경제영토도 커지는 효과가 있다. 그러므로 우선 아시아권역에서 무역 및 서비스의 결제 화폐로서라도 시작해야 한다. 원화의 국제화로 하루라도 빨리 경제영토를 키워 아시아에서 한국의 목소리를 내야 한다.

둘째, 무역 및 자본거래에서의 편리함이 생긴다. 예를 들어 미국기업들은 자국 통화인 달러를 다른 나라와의 거래에 사용하므로 환율 변동으로 인한 위험이 없다. 그런데 한국기업들은 늘 환율 변동에 신경을 써야 하고, 환율이 하락할 경우를 대비해서 선물환 거래를 통해 환율하락의 위험을 헷지(Hedge, 대비책)해야 하는 번거로움을 감수해야 한다. 그리고 이에 따른 비용도 부담해야 한다. 원화의 국제화가 잘되면 잘될수록 이러한 불편함이 점점 사라지게 된다.

셋째, 국채의 발행금리를 낮추어 해외에서 낮은 금리로 자본조달을 받을 수 있다. 물론 이것은 튼튼한 자국 경제의 체력을 외국의 중앙은행과 기관투자가들로부터 인정받는 경우의 이야기이다. 전 세계 각국의 중앙은행이 전체 외환보유고의 65%를 달러화로 보유하고 있다. 미국이 엄청난 재정적자와 경상수지 적자에도 불구하고 자유롭게 통화정책을 펼칠 수 있는 힘은 각국의 중앙은행과 기관투자가들의 미국 국채 매수 수요가 지속되기 때문이다. 미국은 이러한 국채 매수세에 힘입어 채권 금리를 아주 낮은 수준으로 유지할 수도 있다. 이처럼 우리도 우리의 경제 체력을 바탕으로 원화를 국제화하여 낮은 금리로 해외자본을 조달받아 생산성 향상과 4차 산업혁명에 투자해서 전 국민의 생활을 업그레이드할 수 있다. 이렇게 되면 1인당 GDP 8만 달러의 미래 한국도 달성할 수 있다.

넷째, 수출업체의 영업 교섭력을 높이고 환(換)위험을 줄인다. 이는 우리나라 경제영토를 넓히는 것이고, 경제영토가 넓어질수록 외교 등 국제관계에서 발언권이 높아져서 외교가 쉬워진다.

다섯째, 국내시장의 인플레이션 압력을 낮추어 통화당국의 물가안정 정책이 쉽게 된다. 아세안 지역에서 원화 유동성이 증가하면 달러의 국내 유입이 감소하고, 경상수지 흑자가 줄어든다. 그러면서 국내 인플레이션 압력도 낮아진다. 이렇게 원화 국제화는 대한민국을 선진국으로 공고히 하는 디딤돌이 될 수 있다.

국제투자 은행의 가치

JP Morgan Chase(미국), Goldman Sachs(미국), Bank of America Merrill Lynch(미국), Morgan Stanley(미국), Cit (미국), Barclays(영국), Wells Fargo(미국), BNP Paribas(프랑스), Deutsche Bank(독일), Jefferies(미국), Credit Suisse(스위스), UBS(스위스), HSBC(영국), Société Générale(프랑스), Nomura(일본), RBC Capital Markets(캐나다), Macquarie(호주), Mizuho Financial Group(일본), Sumitomo Mitsui Financial Group(일본), Daiwa Securities(일본)

뉴스에서 자주 접하는 유명한 국제 금융그룹들이다. 위의 순서는 매출 규모(2024년도) 순이다. 전 세계 상위 20개 국제투자은행에서 미국은 7개, 일본은 4개, 영국 2개, 프랑스 2개, 스위스 2개, 독일과 호주와 캐나다 각각 1개이다.

이것을 각 나라의 매출액 비중으로 다시 나타내보면 미국: $25.2 billion(63%), 영국: $4.0 billion(10%), 프랑스: $3.5 billion(9%), 독일: $2.0 billion(5%), 스위스: $3.3 billion(8%), 일본: $4.0 billion(10%), 캐나다: $1.2 billion(3%), 호주: $1.1 billion(3%)이다. 미국이 압도적으로 많고(63%) 그 뒤로 영국, 프랑스, 일본, 스위스가 각각 약 8~10%의 점유율을 갖고 있으며, 독일, 캐나다, 호주가 뒤를 잇고 있다. 이 자료를 보면 무역 규모 세계 10위권으로서 제조업과 수출의 강국으로서 존재감을 드러내고 있는 대한민국이 어디로 나아가야 하는지 명백히 보여주고 있다. 지금보다 많은 수출을 하고, 국제 경쟁력이 있는 제품을 만들어 내려면 소재와 자원에 투자해야 한다. 그렇게 하려면 국내기업의 해외투자를 돕고 국익을 위해 일하는 국제투자은행을 빨리 키워야 한다. 각국의 국제투자은행은 그 나라의 해외 영업사원과 같다고도 볼 수 있다.

한국에 전문적인 국제투자은행은 없지만, 비슷한 기능을 하는 기관이 '국민연금관리공단'이다. 전 세계 연기금 규모로는 3위에 해당한다. 운용액이 8,600억 달러(2024년 기준, 1,250조 원)이다. 운용 비율은 국내 주식에 13%, 해외 주식에 33%, 국내 채권에 31%, 해외 채권에

7%, 대체 자산에 16%를 투자하고 있다.

전(前) 노무라증권의 이코노미스트이자 현(現) 우리금융경영연구소 권영선 상무는 이렇게 주장했다.

> "한국 경제가 더 늦기 전에 수익성이 좋은 해외 자산을 발굴하고 투자 규모를 늘려야 한국 가계의 구매력이 미래 세대에게도 유지되거나 더 높아질 수 있다."

한국의 저출산 고령화로의 인구구조 변화는 국민연금이 해외투자를 더 늘려야 할 핵심적인 이유이다. 저출산 고령화는 결국 노동생산성이 저하되고, 소비 감소로 연결되어 은행이자율이 기조적으로 하락한다. 장기금리가 상승하기 어려우니까 국내 채권과 주식에서 수익 내기가 힘들어진다. 반면에 국민연금이 국내 채권과 주식시장의 큰손으로 남아 있다가 미래에 자산을 매각할 시점이 되면 국내 자산의 급락을 불러올 수도 있기에 국내 투자 자산의 비중이 높은 것은 위험하다고 한다. 맞는 말이다. 국민연금이 해외투자를 늘리면 경상수지 흑자로 국내에 쌓이는 자금을 해외로 퍼내는 효과도 있으니까 국내 물가안정에도 기여한다. 국민연금의 해외투자를 스스로 할 수도 있지만 국내에 국제투자은행이 설립되면 함께 협력해서 해외의 자산, 소재, 부품, 장비, AI, 로봇 등 다양한 분야의 투자로 연결될 수 있다. 국제투자은행을 설립하여 육성하는 방안도 있지만, 국제 금융시장에 있는 국제 투자은행을 인수합병 하는 방안도 국익에 도움이 된다.

국제 투자은행의 인수

국제 투자은행을 인수해서 성공했던 외국의 사례로는 노무라증권이 리먼브러더스의 아시아와 유럽본부를 인수했던 것이 있다. 노무라증권은 리먼브러더스의 아시아 및 유럽 사업부를 약 2억 2,500만 달러에 인수했는데 인수초기에는 두 회사의 기업 문화 차이와 투자 방식의 차이 때문에 인수 후 기존 리먼브러더스 직원들이 경쟁사로 이탈하는 등 통합 과정에서 어려움과 적자로 어려움을 겪었다. 노무라증권은 이를 극복하기 위해 지속적인 구조조정과 비용 절감을 실시한 노력으로 결국 노무라 증권이 글로벌 투자은행으로 자리매김했다.

유타 세키 노무라 자본시장연구소(NICMR) 전무는

"IB(투자은행) 사업은 총매출에서 차지하는 글로벌 순 매출 비중이 2000년대 10~20% 수준이었는데 최근에는 30~40% 수준을 나타내고 있다."

리먼브러더스를 인수한 후에 구조조정의 노력을 한 결과가 오늘의 노무라가 국제투자 은행업계에서 높은 위상을 차지한 배경이라고 소회를 밝힌다.

지나간 역사에서는 만일이라는 조건을 달지 말라고 하지만 당시 한국의 산업은행도 세 번에 걸쳐서 리먼브러더스에 주(株)당 가격을 제시하고 협상을 했었다. 만일 그때 리먼브러더스를 우리가 인수했더라면 저 행운이 우리에게로 돌아왔을지도 하는 아쉬움을 느낀다. 그렇지만 지금이라도 국제투자은행을 인수하고 합병하는 일에 국가적인 관심을 기울이면 좋은 기회는 여전히 있다고 확신한다.

미국에서 국제투자 은행의 위상

태양계의 위성들은 전부 태양을 중심으로 돌 듯이, 세계의 모든 나라는 미국을 중심으로 돈다. 전 세계 200개가 넘는 나라들이 모두 미국경제에 조금이라도 영향을 받고 있으며 미국경제와 완전히 독립적인 나라는 거의 없다고 보아도 무방하다. 이처럼 미국경제가 막강하다. 달러가 가장 힘이 센 기축통화이기 때문이기도 하지만 미국이 이러한 초강대국이 되기까지 미국의 국제투자은행들(JP Morgan Chase, Goldman Sachs, Bank of America, Merrill Lynch, Morgan Stanley) 등의 각별한 노력이 밑바탕이 되었다. 미국은 금융 기술의 혁신을 이끌어 왔으며 일반인이 미처 그 내용도 알지도 못하는 혁신적인 방법으로 금융 서비스를 창조해 왔다. 미국의 국제투자 은행들은 이러한 방법으로 효율성과 성과를 높여왔다. 또한 미국의 투자은행들은 글로벌 네트워크를 통해 다양한 시장에 접근해서 이익을 창출하고 사업 기회를 넓혀 왔다. 한국은 미국의 금융정책의 혁신성과 생산성과 효율성을 배워야 한다.

국제투자은행 육성 전략

기술 도입: 미국의 금융 기술 혁신을 도입하여 효율성을 높이고, 고객 서비스를 개선해야 한다. 국제투자은행의 업무 효율성을 높이기

위해 갖추어야 하는 구체적인 기술은 다음과 같다.

1) 빅데이터 분석

빅데이터 분석 기술을 활용하여 시장 동향, 고객 행동, 투자 기회 등을 분석해서 이를 통해 투자 전략을 최적화하고, 리스크를 최소화할 수 있다. 골드만 삭스는 빅데이터 분석을 통해 고객의 투자 성향을 파악하고, 맞춤형 투자 포트폴리오를 제공하는 서비스를 운영하고 있다.

2) 인공지능(AI) 및 머신러닝

인공지능과 머신러닝 기술을 도입하여 투자 결정을 지원하고, 자동화된 거래 시스템을 구축하면 거래 속도와 정확성을 높이는 데 큰 도움이 된다. JPMorgan Chase는 AI를 활용하여 시장 예측 모델을 개선하고, 위험 관리 시스템을 최적화하는 데 활용하고 있다.

3) 블록체인 기술

블록체인 기술을 도입하여 거래의 투명성과 보안을 강화할 수 있고 이를 통해 거래 비용을 줄이고, 거래 프로세스를 간소화할 수 있다. HSBC는 블록체인 기반의 거래 플랫폼을 도입하여 국제 무역 금융 거래의 효율성을 높였다.

4) 핀테크 솔루션

다양한 핀테크 솔루션을 도입하여 고객에게 더 나은 금융 서비스를 제공할 수 있다. 모바일 뱅킹, 디지털 결제, 로보어드바이저(Robot+Advisor)등 다양한 솔루션이 여기에 포함된다. Charles Schwab은 로보어드바이저 서비스를 통해 고객에게 맞춤형 투자 조언을 제공하고, 자산 관리의 효율성을 높이고 있다.

5) 사이버 보안

사이버 보안 기술을 강화하여 금융 거래의 안전성을 확보해서 고객의 자산과 데이터를 보호하고, 신뢰를 유지할 수 있다. Morgan Stanley는 사이버 보안 기술을 도입하여 고객의 계정 및 거래 데이터를 보호하고, 해킹 시도를 예방하고 있다. 위와 같은 이러한 기술들을 도입하면 우리의 국제투자은행들도 국제 경쟁력을 강화하여, 더 나은 금융 서비스를 제공할 수 있을 것이다.

정부 지원 강화: 한국 정부는 국제투자은행 설립을 위한 정책적 지원을 강화해서 이를 통해 초기 자본조달에 도움을 주어야 한다. 한국의 금융 규제는 상대적으로 엄격하여 국제투자은행의 활동에 제약을 주어 국제투자은행들이 국제시장에서 경쟁력을 갖추는 데 어려움을 겪게 만들 수 있다. 따라서 '국제투자은행 설립과 운용 관련 법규'를 새로 정비해서 금융 규제를 미국 등 선진국과 같은 정도로 단계별로 완화하는 로드맵을 정하고 실행해야 한다.

글로벌 네트워크 구축: 한국의 국제투자은행은 글로벌 네트워크를 구축하여 해외 시장에 진출하기 위해 해외 지사 설립과 현지 파트너십을 강화하고 또한 기존의 외국 투자은행들과의 협업을 통해 시너지를 활용해야 한다. 한국기업은 반도체, 정보통신, 가전, 자동차, 조선, 중공업 등 다양한 분야에서 국제적인 경쟁력이 있으므로 이러한 장점을 살려서 현지의 외국 투자은행들과 윈윈(Win Win)할 수 있는 투자 방법을 개발해서 위험을 줄임과 동시에 안정적인 투자수익을 확보할 수 있다.

전문인력 양성: 국제투자은행의 성공을 위해서는 금융 전문가와 기술 인력을 양성하는 것이 중요하다. 이를 위해 교육 프로그램과 인재 유치를 강화해야 한다. 또한 선진국 투자은행의 전문 인력 양성 과정에 우리의 인재를 파견하여 연수와 교육을 받도록 하는 협약을 체결하여 시행한다.

교육시스템

이공계 대학교육의 실험 실습을 강화해야

기업의 채용 인사 담당자들은 입사 지원자들은 많은데 정작 뽑고 싶은 사람은 많지 않다고 투덜거린다. 기업이 뽑고 싶은 이공계 대졸자들에 대한 기대 수준은 무엇인가? 기업들은 지원자가 전공지식뿐만 아니라 실습 경험, 프로젝트 경험 등이 있어서 복잡한 문제를 창의적이고 효과적으로 해결할 수 있는 능력을 갖춘 인재를 선호한다. 그러나 현실에서는 이러한 인재를 찾기가 쉽지 않다.

권오현 삼성전자 종합기술원 회장이 자신의 저서 《초격차》에서 한국 대학의 교과과정에 커다란 모순과 비효율이 있다고 쓴소리를 쏟아냈다.

"공대 졸업생들을 입사시켰는데 공대생이라면 반드시 알아야 할 기초 지식은 모른 채 주변에서 주워들은 것들만 잔뜩 알고 있더라."

게다가 전공지식은 그렇다 치고, 풍부한 실험 실습을 해서 창의적으로 문제해결 능력을 갖춰주는 대학이 거의 없는 것이 한국 이공계 대학의 현실이다. 서울공대의 실험 실습 장비가 과학고의 실험실 장비보다 못하다는 말이 있다. 그만큼 대학의 실험 실습환경이 열악하다는 뜻이다. 턱없이 부족한 실험 실습환경에서 제대로 배우지 못한 학생들은 엔지니어의 자질을 갖추지 못한 채 사회로 떠밀려 나다시피 하고 있다. 이공계 대학생들도 의대생들처럼 도제식 교육을 받아야 한다. 의대에는 대부분 대학병원을 가지고 있다. 대학병원은 의대생들에게 실험 실습 현장이다. 대학병원에서 오랜 기간 수많은 임상실험 실습을 체험하면서 전문의로 준비되어 간다. 마찬가지로 이공계대학생들에게도 수많은 실험 실습에 참여해서 자신들이 강의실에서 배운 이론을 실험으로 확인하면서 한 사람의 당당한 전문가로 준비되어야 하는데 현실은 전혀 그렇지 가 못하다. 대학의 운영예산 부족으로 실험 실습 장비 준비가 되어 있지 못한 탓이다.

정부출연 과학기술 연구기관에서 학부생의 실험 실습을 가르쳐야

단기간에 실험 실습 장비와 교수진을 갖추어서 학생들을 가르치기는 현실적인 어려움이 있고, 학생들의 실험 실습 교육은 시급하므로 과학기술 분야 정부출연 연구기관의 시설과 교수진을 활용하는 방안을 추진해야 한다. 한국과학기술연구원을 위시하여, 생산기술 연구원, 표준연구원, 전자통신연구원, 기계연구원, 재료연구원, 원자력 연구원 등등 정부출연 연구기관들이 수십 개나 된다. 이러한 기관들의 시설과 장비와 교수진을 활용하여 학부와 대학원생들의 실험과 실습 능력을 보강하는 것이다. 국가 연구기관의 시설과 교수요원들을 활용하여 이공계 대학생들의 실험 실습 기회를 확충하는 방안에는 다음과 같은 장점이 있다.

우수한 인프라 활용: 국가 연구기관의 최신 장비와 실험 시설을 활용함으로써 학생들이 더 나은 교육 환경에서 실습할 수 있다.

전문성 강화: 국가 연구기관의 교수요원들은 해당 분야의 전문가들로 구성되어 있어, 학생들이 더 깊이 있는 학습과 지도를 받을 수 있다.

산학 협력 강화: 대학과 연구기관 간의 협력을 통해 산학 협력 프로젝트가 늘어나고, 학생들은 실제 연구 현장에서의 경험을 쌓을 수 있다.

네트워크 확장: 학생들이 국가 연구기관의 연구자들과 교류할 기회를 가짐으로써, 향후 취업이나 연구 활동에 도움이 되는 인적 네트워크를 구축할 수 있다.

이 제도를 시행하는 것은 물론 추가적인 예산이 투입되어야 하고, 주로 이 연구기관들이 수도권과 대전 등 중부지방에 편중되어 있는 까닭에 학생들의 접근성에 쉽지 않은 것도 사실이다.

그렇지만 실험 실습 강의를 연중 상설화시키고 연구기관에 와서 실험 실습 할 학생들에게는 정부 차원의 예산에서 교통과 숙박 등 실비를 제공하면 된다. 또한 대학과 연구기관과의 협업에 의해 실험 실습 내용과 평가를 조율하면 된다. 중요한 것은 기존의 시설과 장비와 교수요원을 즉시 활용이 가능하므로 이공계 학부와 대학원생들에게 실질적인 기술을 가르치고 그들을 업그레이드시켜서 기업에서 요구하는 경쟁력 있는 인재 양성에 다가설 수 있다는 장점이 크다.

초중고 교실에서의 창의수업 강화

창의교육의 중요성

'창의교육'은 현재 매우 절박한 과제로, 주입식 교육의 한계를 넘어서기 위해 필수적이다. 지난 20년간 우리나라의 장기 성장률은 지속적으로 하락해 왔으며, 이제는 우리나라가 다른 선진국으로부터 배워야 할 새로운 대상이 없어 스스로의 힘으로 모든 문제를 해결해야 하는 시점에 이르렀다. 초중고 교실 학습 환경부터 바꿔야 하는데 주입식 교육을 버리고, 암기 위주의 평가 제도를 재고해야 한다. 예를 들어, 이미 영미 선진국에서 도입하고 있는 창조적 사고력을 키우기 위해 학생들이 문제를 해결하고 아이디어를 내는 프로젝트 기반 학습을 도입할 수 있다.

토론수업의 필요성

토론은 다양한 의견을 통해 비판적 사고를 키우는 중요한 교육 방식이다. 미국에서는 초등학교 때부터 토론수업을 강조하며, 학생들이 자유롭게 의견을 내어 최고의 대안을 만들어 가는 문화를 가지고 있다. 이는 미국의 지속적인 혁신과 성장의 배경이기도 하다. 예를 들어, 미국은 초등학교 때부터 '토론수업'을 중시해서 어떠한 주제에 대해 에세이(수필) 형식의 '자기 의견서'를 제출해야 하는 과제가 많다. 자기 생각을 적어 오라는 거다. 이 에세이에는 정답이 없고 다만 과제를 통해서 '자기 생각이 뚜렷한 사람'으로 학생들을 기르고 싶은 것이다. 이러한 교육 문화에 대해서 미국 사람들에게 물어보면 '다양한 토론 문화를 통한 보다 좋은 아이디어 만들기'라고 한다. 이것이 미국이 소프트웨어 산업에서 세계 최강으로 자리 잡은 힘이다.

브레인스토밍의 활용

브레인스토밍을 활용해서 학생들의 창의력을 계발시키는 방법은 먼저 학생들이 자유롭게 아이디어를 제시할 수 있도록 비판이나 평가 없이 모든 아이디어를 환영하고, 학생들이 자신감을 가지고 참여할 수 있도록 격려한다.

예술 작품, 음악, 비디오 클립 등 다양한 매체를 활용하여 학생들이 새로운 아이디어를 떠올릴 수 있도록 자극한다. 학생들을 소그룹으로 나누어 각자의 시각에서 느끼는 것들을 모든 학생이 빠짐없이 발표하도록 해야 한다. 화이트보드, 포스트잇, 마인드맵 등 시각적 도구를 활용하여 아이디어를 시각적으로 표현하여 상상력을 자극한다. 또한 시간제한을 설정하여 학생들에게 집중력과 긴장감을 주고, 학생들이 제시한 아이디어를 결합하고 발전시켜 창의적인 해결책을 학생들에게 피드백하여 학생들이 자신감을 가지고 자신의 아이디어를 더욱 발전시키도록 격려한다.

교사의 역할 변화

이제는 정말 지식이 중요한 시대가 아니라 지혜가 중요한 시대이고 '지식보다는 무엇을 할 줄 아는가'가 즉, 실행 능력이 중요한 시대다. 교육(Education)의 어원은 라틴어의 'Educo'인데 '내부로부터 이끌어 내다'의 뜻이다. '선천적인 잠재 가능성을 밖으로 이끌어 내다'라는 의미이다. 그러니까 교사(Educator)는 학생 개개인이 갖고 있는 잠재적인 능력이 밖으로 나오도록 이끌어 주고 도와주는 안내자로서 학생 하나하나를 주의 깊게 관찰해서 학생들이 스스로가 어떤 사람인지 '자기 자신'을 알도록 해줘야 한다. 이것이 교육이다. 초중고의 어린 학생들이 스스로 자기 자신에 대해 정확히 알기는 힘들다. 그래서 교사의 도움이 절대적으로 필요하다. 학생들이 스스로 자신을 알아야 자신의 꿈과 삶이 자기 것이 된다. 자신을 알게 되면 자기에게 맞는 올바른 진로와 직업으로 자연스럽게 연결된다. 따라서 교사는 상담자가 되고 오직 지혜로운 멘토가 되면 된다.

다만 교사는 토론수업에 활기를 불어넣기 위해서 토론을 효과적으로 이끌어 갈 질문들을 잘 준비해야 한다. 또한 수업을 마치기 직전에 토론수업의 마무리를 잘해줘서 학생들의 학습에 대한 흥미를 지속시키고 다음 토론 시간을 기대하도록 해야 한다.

노벨상을 언급할 때마다 빠지지 않고 나오는 사람들이 토론을 중심으로 교육하는 유대인들이다. 이를 두고 토론 교육 전문가인 강치원 교수는 "진리의 섬광은 서로 다른 견해들이 부딪칠 때 튀어나온다."라고 말하기도 했다. 초중고 학생들이 토론수업을 통해 받을 수 있는 가장 큰 선물은 '창의력 사고의 계발'이다. 서로 다른 견해를 주고받는 가운데 섬광이 비치면서 전혀 새로운 진리를 발견하게 되는데, 이러한 체험을 하게 하는 것이 토론수업의 목적이다.

생각노트의 활용

어린 학생들에게 창의력을 키워주는 방법으로 쉽게 적용할 수 있는 것은 '생각 노트'를 만들어 가지고 다니게 하는 거다. 번뜩이는 생각들을 놓치지 않고 이 '생각 노트'에 적도록 습관을 길러주어야 한다.

세계 4대 디자인상을 석권하여 천재 디자이너라 불리는 카이스트의 배상민 교수는 '생각 노트'를 통해 영감을 얻어 디자인에 그대로 활용한다고 했다.

> "이건 중요한 생각이니까 분명히 다시 기억해 낼 수 있을 거야라고 자기 머리를 과신하지 말자. 머릿속에 담아둔 생각은 이내 어둠 속으로 사라진다. 나는 생각이 떠오르면 곧바로 메모를 했다. 기록의 힘은 놀라운 것이라 생각과 생각을 만나게 해주고, 조우한 생각들을 그물망처럼 촘촘히 연계해 주며, 결국 그 모든 것을 관통하는 하나의 아이디어로 발전시켜 준다.

나는 '저널'이라 명명한 나만의 메모장에 내가 관찰한 온갖 것들을 빼곡히 적어나갔다. 등굣길에 본 풍경, 학교에서 친구가 한 말, 어느 골목길에서 마주친 아주머니의 인상, 상점에서 본 물건…"

긍정적 피드백의 중요성

교사는 학생들의 '생각 노트'에 기록한 것을 보고 무엇을 칭찬할 것인가가 중요하다. 놀라운 관찰과 상상력으로 좋은 결과를 제시한 것을 칭찬할 것인가? 아니면 '생각 노트'에 기록한 내용이 뛰어난 정도에 상관없이 '성실한 노력' 자체를 칭찬할 것인가?

첫째, 교사는 생각 노트에 기록된 내용의 우수함보다 학생들의 노력을 칭찬해야 한다. 스탠퍼드대의 심리학 교수인 캐럴 드웩의 발견에 따르면 아이들의 호기심을 발전시키는 것은 교사가 아이들을 칭찬하는 방식과 내용에 달려 있음을 알게 되었다고 한다. 아이들은 예리하게 관찰하여 선생님의 칭찬을 정확히 기억하고 자신의 행동을 거기에 맞춘다. 아이들을 2개의 그룹으로 나누어서 시험을 치르게 한 후에 시험 결과에 상관없이 한 그룹의 아이들에게는 그들의 '재능과 능력'을 칭찬했고, 다른 그룹의 아이들에게는 '공부에 쏟은 노력'을 칭찬했다. 쉬운 문제와 어려운 문제를 번갈아서 여러 번 시험을 더 치르면서도 각각 나누어서 한쪽은 '재능'을 다른 쪽은 '노력'을 칭찬했는데, 나중에 결과는 '재능'을 칭찬했던 그룹보다 '노력'을 칭찬했던 그룹이 더 나은 성적이 나왔다. 아이들이 선생님으로부터 자기의 재능을 칭찬받는 것을 좋아한다고 할지라도 이러한 달콤한 감정은 오래 지속되지 않고 재능에 대한 칭찬에는 리스크와 부작용이 동반된다. 재능이 있다고 칭찬받았던 아이가 어려움에 봉착하면 기분 좋았던 자부심은 곧바로 낙담과 수치심으로 돌변하기 쉽다. 이 아이가 어려운 문제를 해결하지 못하면 자기는 재능이 없다고 생각하고 좌절하기 쉬워서 자신의 결점을 노출시킬 만한 어려운 문제는 무조건 회피하게 되는 경향이 있다.

반면에 '네가 노력했기 때문에 성공했다'라고 평가받던 학생은 어려움이 닥치면 체념하지 않고 '자기의 노력이 부족했구나' 생각하고는 더욱 노력하는 동기부여가 된다. 결국 노력 끝에 얻은 성취는 재능 덕에 손쉽게 얻은 성과보다도 아이들의 사기를 더 진작시킨다. 그래서 아이들의 '생각 노트'를 관리해 주는 선생님은 모든 학생에게 이렇게 말하는 것이 교육적으로 효과가 있다.

"와, 정말 잘했어. 놀랍네. 너는 정말 열심히 공부한 게 틀림없구나." "끈질기게 노력한 흔적이 보이네." "너 지구력이 대단하구나. 다음에는 더 잘할 수 있겠는데." "선생님은 너의 노력이 정말 자랑스럽다." "이거 완성하느라고 밤새워서 한 거 아니니? 너 대단하다." "너 얼마나 오랫동안 생각했길래 이런 좋은 아이디어를 다 냈니?"

이런 칭찬을 통해서 자신들의 끈질긴 노력을 선생님이 늘 기대한다는 사실을 알게 된 제자들은 선생님의 기대에 부응하려고 더 노력하게 되고 이 결과로 제자들의 창의력과 실력이 향상된다.

둘째, 제자들이 사물에 대해 관찰하고 주의를 집중하도록 지도하는 것이 중요하다. 사례로 리처드 파인만 교수의 성장 과정을 살펴보면 그 중요성을 알 수 있다.

알베르트 아인슈타인 이후로 가장 훌륭한 과학자로 평가받는 리처드 파인만 교수는 1965년에 양자전기역학으로 노벨물리학상을 받았다. 그가 1940년대 말에 코넬 대학에서 교수로 있었을 때, 교내 식당에서 어떤 학생이 접시를 공중에 던져 올리는 것을 보고 그 접시를 관찰하게 되었다. 그 접시가 회전하면서 동시에 접시의 가장자리는 떨리는 것을 보고는 즉시 종이와 펜을 꺼내 든 파인만은 뉴턴의 법칙을 이용해서 접시의 회전과 떨림이 2대 1의 속도로 운동한다는 것을 밝혀냈다. 이 발견이 계기가 되어 그는 전자의 회전(스핀)에 관한 연구에 관심을 갖기 시작하여 양자 전기역학을 발전시켰고, 이 연구 결과로 노벨상까지 타게 되었다.

파인만 교수는 호기심을 가지고 문제를 해결하는 자세를 어린 시절 자기의 아버지(멜빌)에게 배웠다고 한다. 그의 아버지는 어린 파인만과 함께 숲을 산책하면서 자연 현상과 과학적인 기초 지식을 가르쳐 주곤 했다. 날아다니는 새의 이름을 아는 것은 물론 그 새를 관찰해서 그 새가 무엇을 하는지까지 알아보는 것이 정말로 중요하다고 파인만에게 가르쳐 주었다.

"나는 아주 어릴 때부터 사물의 이름만을 아는 것과 사물의 본

질을 아는 것의 차이를 배웠다."

그의 아버지 멜빌은 항상 직접 설명해 주지 않고 아들이 직접 관찰해서 자신의 추측이 옳은지 여부를 검토하도록 유도했다. 어린 시절부터 과학이 무엇인지 이해한 그는 인내심을 가지고 사물을 정확하게 지켜보며 관찰하고 주의를 기울이면 과학은 언제나 커다란 보상을 해준다는 것을 깨달았다.

교단에서 가르치는 선생님은 제자들이 사물에 대해 관찰하고 주의를 집중하도록 지도하면서 정답을 알려주지 말고 알아내게 해야 한다. 이렇게 하면 제자들의 창의력은 날로 발전되고 이를 통해 제자의 적성을 쉽게 파악할 수 있으며 올바른 진로 지도가 가능하다. 교사들은 이제 일방적으로 가르치려는 욕구를 자제하고 오직 학생들이 스스로 생각하는 힘을 기르도록 보살피며 도와주는 헬퍼(Helper)가 되어야 한다. 항상 학생들의 창의력이 어떻게 계발되는지에만 관심을 가지는 이러한 교사들이 4차 산업혁명 시대에 걸맞은 교사상이다. 진정한 창의교육은 학생이 스스로 독학하려는 자세와 혼자 문제를 해결해 본 경험들이 쌓여서 그것이 자신감과 능력으로 발전이 되도록 도와주는 것이다.

교실에서 기업가정신을 가르쳐야

미국은 세계 최고의 혁신 국가이다. 미국이 첨단 산업 특히 서비스 산업, 소프트웨어, 인공지능, 벤처 비즈니스 창업에서 세계의 모든 나라들을 제치고 압도적인 선두를 유지하는 배경에는 미국의 초중고 교육시스템이 다른 어느 나라보다 뛰어나기 때문이다. 교사가 학생들의 창의적인 생각들을 유도해 내는 방법은 **"네 생각을 적어서 제출해라."라는 수필 과제로 학생의 잠재 능력이 발견되고 판단력이 자라간다.** 평범한 학생이 주관과 개성이 뚜렷한 이노베이터(Innovator)로서 변해가는 것이다. 게다가 대학에서는 각국의 인재를 블랙홀처럼 빨아들여서 그들 중에 우수한 졸업생들의 20~30%는 자국보다 좋은 조건의 대우를 받으며 미국에 남아 미국의 발전을 위해 인생을 바친다. 미국에서 세계 최강국의 힘이 나오는 배경이다.

우리나라는 자신의 견해를 학급 친구들 앞에서 발표하는 기회가 얼마나 될까? 대입 수능을 대비해서 암기하고 문제 푸는 일에만 몰두하는 지금의 교육시스템이야말로 한국이 글로벌 경쟁에서 뒤처지는 이유이다. 초중고 교실에서 우리 한국 기업가들의 창의와 혁신과 기업가정신의 사례를 토론하고 배우는 시간을 충분히 제공해야 한다. 기업가들의 사례를 통해서 배우는 지식과 교훈을 대학 입시에서도 문항으로 출제해야 한다. 학교를 졸업하고 취업만 하려는 생각에서 벗어나서 자기가 가진 아이디어를 자유롭게 창업에 도전하도록 지원하는 정책도 재정으로 보강해야 한다.

6.25 전쟁으로 폐허가 된 이 나라를 오늘 세계 10대 제조, 무역 강국으로 성장시킨 기업가들의 땀과 정열과 혁신과 그들의 정신을 재조명해서 후손들에게 계속 가르칠 필요가 있다.

초중고 교실에서 기업가정신을 가르치는 것은 학생들에게 많은 긍정적인 효과를 가져올 수 있다. 기업가정신 교육은 학생들에게 창의적 사고, 문제해결 능력, 리더십, 그리고 자율성을 길러준다. 이러한 능력들은 학생들이 미래에 직면할 다양한 도전과 기회를 효과적으로 대처할 수 있게 해준다.

기업가정신 교육의 효과

창의적 사고와 혁신: 기업가정신 교육은 학생들이 창의적 사고를 통해 새로운 아이디어를 개발하고, 이를 실현하는 방법을 배우게 한다. 이는 학생들이 기존의 틀을 벗어나 새로운 접근 방식을 시도하게 하며, 혁신적인 사고를 촉진한다.

문제해결 능력: 기업가정신 교육은 학생들이 문제를 분석하고, 해결책을 찾는 과정을 통해 학생들이 복잡한 문제에 체계적으로 접근하고, 다양한 해결책을 모색하는 능력을 길러준다.

리더십과 팀워크: 기업가정신 교육은 학생들이 리더십을 발휘하고, 팀원들과 협력하는 방법을 배우고 학생들이 팀 내에서 효과적으로 소통하여 목표를 달성하는 능력을 길러준다.

자율성과 책임감: 기업가정신 교육은 학생들이 자율적으로 목표를 설정하고, 이를 달성하기 위해 노력하는 과정에서 학생들이 자신의 행동에 책임을 지는 능력을 길러준다.

수월성 교육 강화

몰입과 수월성 교육의 상관관계

몰입(Flow)은 한 가지 활동에 깊이 빠져들어 집중하는 상태를 의미한다. 이는 **개인의 능력과 도전 과제가 균형을 이루는 상황에서 발생**하며, 이때 사람은 시간의 흐름을 잊고 활동 자체에 큰 만족감을 느끼게 된다.

수월성 교육은 학생들이 자신의 잠재력을 최대한 발휘하고, 각자의 능력을 발전시키는 것을 목표로 하는데, 이 과정에서 몰입은 중요한 역할을 한다. 즉, 몰입을 지속할수록 자신의 잠재력이 밖으로 표출되며, 자기 주도적으로 학습하게 되어 각자의 능력에 맞는 과제를 충분히 해결할 수 있게 된다. 따라서 교사들은 적절한 도전 과제를 주어 학생들이 몰입 상태에 이르도록 유도한다. 또한 자기 주도적인 학습 환경은 주인의식을 가지고 몰입하게 된다. 그리고 학생들이 몰입 상태에서 경험하는 성취감은 학습 동기를 지속적으로 유지하는 데 큰 도움이 된다.

생산성 향상과 혁신은 항상 창의적인 인재들의 노력과 영감의 산물이다. 따라서 창의적인 인재를 기르는 것은 어떤 나라에서든지 국가 발전의 중대한 과제이다. 얼마 전에 진보 교육감들이 자사고 지정 취소 판결에서 전패했다. 고교 교육 평준화를 내걸고 자사고 지정을 취소하려던 것에 대해 법원이 자사고 측 손을 들어주었기 때문이다. 고교 교육 평준화가 하향평준화라고 생각한 학부모들은 학비가 3배 비싸도 좋은 교육을 위해 자사고를 선택한다. 수월성 교육을 원하는 부모들의 선택을 나무랄 이유는 없다.

삼성과 하이닉스의 성공을 보면, 핵심 인재를 위한 수월성 교육이 얼마나 중요한지 알 수 있다. 이들 회사의 핵심 인재가 우리나라 수출과 법인세의 20%를 담당하고 수십만 개의 일자리를 만든다. 이들이 야말로 나라의 보물이다. 반도체 외에도 가전, 자동차, 조선, 중공업, 화학, 화장품, 생명공학, 제약, 바이오 같은 분야에 이런 인재들이 있어 우리나라가 경제 대국으로 유지되는 거다.

인재들이 좋은 일자리를 만들고, 평범한 사람들이 그 혜택을 누린다. 스티브 잡스나 마크 저커버그 같은 사람들의 창의적인 아이디어가 수만 명의 일자리를 만든 것처럼 한 사람의 천재가 많은 사람들을 도와서 먹여 살리고, 기업의 영속성을 보장하고 나라를 지킨다. 그래서 수월성 교육이 필요하다.

4차 산업혁명 시대에 우수한 인재를 외면하면 결국 국가의 경쟁력이 뒤떨어진다. 시대에 뒤떨어진 평준화 교육은 인재 부족으로 이어진다. 자사고, 특목고, 외고, 영재고에서 영재를 선발해서 자유롭고 창의적인 방식으로 교육하는 것을 정부가 지원해야 한다. 수월성 교육을 강화하려면 특목고뿐만 아니라 일반고에서도 재능 있는 학생들을 골라내서 더 나은 교육을 제공해야 한다.

우리나라가 지난 20년간 저성장에 빠진 것은 하향평준화 교육 탓일 수도 있다. 정부는 평준화 교육의 문제를 심각하게 받아들여 4차 산업혁명 시대에 맞는 인재 양성을 목표로 삼아야 한다. 다양한 인재를 양성하는 교육기관을 정책적으로 지원하는 것이 나라 발전과 국민 행복의 길이다. 이스라엘의 탈피오트 프로젝트는 유명하다. 고교에서 수학과 물리 성적이 우수하고 IQ 상위 5% 이내의 학생 중에서 조국을 향한 애국심을 가진 학생들을 선발해 3년 과정으로 교육한다. 탈피오트 학생들이 개발한 아이언 돔은 로켓포나 미사일을 추적해 공중에서 격추시키는 시스템이다. 성공률이 90%가 넘고, 가격도 저렴하다. 이스라엘의 수월성 교육 덕분에 아이언 돔이 이스라엘 국민의 안전과 행복을 지키는 데 큰 도움이 되고 있다.

한국의 공교육에서 수월성을 강화하기 위한 효과적인 방안 세 가지

1) 맞춤형 교육 프로그램 도입

학생 개개인의 학습 능력과 흥미에 맞춘 맞춤형 교육 프로그램을 도입해야 한다. 학생 개개인의 능력과 흥미에 따른 맞춤형 교육 프로그램을 시행하면 학생들의 학습 동기와 성취도를 높이는 데 큰 도움 된다. 예를 들어, **능력별 수업, 개별 지도, 다양한 선택 과목 등을 제공**하여 학생들이 자신에게 맞는 학습 경로를 선택할 수 있도록 해야 한다. 지금은 초중고 각 학급당 학생 수도 많이 줄어서 인공지능을 활용하면 학생 개인별 능력과 흥미도에 따른 맞춤형 교육이 충분히 가능하다.

2) 교사의 전문성 강화

우수한 교사를 양성하고, 기존 교사의 전문성을 강화하기 위해 교사들에게 정기적인 연수와 교육 기회를 제공하고, 전문 지식과 교수법을 지속적으로 업데이트할 수 있도록 환경을 조성해야 한다. 또한, 교사의 평가 시스템을 개선하여 성과에 따른 보상을 제공함으로써 교사들이 자신의 역량을 최대한 발휘할 수 있도록 지원해야 한다.

3) 창의성과 비판적 사고를 촉진하는 교육 환경 조성

학생들이 창의성과 비판적 사고를 기를 수 있는 교육 환경을 조성하는 것이 중요하다. 이를 위해 교실에서의 프로젝트 기반 학습, 토론수업, 브레인스토밍 활동 등을 활성화해서 학생들이 다양한 문제를 해결하는 과정에서 스스로 생각하고, 창의적인 해결책을 도출할 수 있도록 지원해야 한다.

기업

"생산성이 전부는 아니지만 장기적으로는 거의 전부다."

노벨경제학상 수상자 폴 크루그먼 교수의 말이다. 좋은 일자리는 생산성 향상을 바탕으로 생겨난다. 한국 경제가 저성장에 빠진 이유는 생산성 저하와 직접 관련이 있다. 지난 20년간 장기 성장률이 5년마다 1%씩 감소한 것도 생산성 향상에 실패했기 때문이다. 왜 생산성 향상에 실패했을까? 2000년대까지는 선진국 제품을 신속히 모방하고 막대한 시설투자와 많은 노동시간을 투입해 경제성장률을 유지할 수 있었다. 그런데 국민소득이 2만 달러가 넘어가면서 선진국들이 한국에 대해 경계심을 가지기 시작했다. 그러다 보니 다른 선진국의 기술을 확보하기 곤란해졌고, 그로 인해 고부가가치 제품개발이 어려워지고, 부가가치가 낮은 저가 제품은 개발도상국들과의 가격경쟁에 밀려 세계 시장에서 판매력을 잃어버리는 상황이다.

이제 우리가 나아갈 방향은 미국, 독일, 일본 등 선진국이 갔던 길을 부지런히 따라가야 한다. 소재와 부품, 장비 분야는 여전히 부가가치가 높다. 늦었지만 지금이라도 이 분야에 뛰어들어 우리의 몫을 차지해야 한다.

노동생산성은 생산품의 가치 총액을 생산에 투입된 노동자 수로 나누면 된다. 이 수치에 브랜드 가치를 곱하면 국가 경쟁력의 지표가 된다. 우리의 수출 상품이 국제시장에서 받을 수 있는 가격은 브랜드 가치에 따라 정해진다.

노동생산성이 높아지면 월급지불 여력이 더 커지고, 노동생산성이 떨어지면 월급지불 여력이 줄어든다. 따라서 생산성 향상이 노동자의 삶의 질을 좌우하는 필수 요소이다. 그런데 생산성 향상을 이루기 위한 전제조건이 있다. 주 52시간 노동과 최저임금을 정부의 강제 사항이 아니라 권장 사항으로 해야 한다. 획일적으로 주 52시간 근무를 강제로 적용하는 것은 손가락 5개의 길이가 다 같아야 한다고 주장하는 것과 같다. 개인의 건강 상태나 능력에 따라 어떤 사람은 주 40시간 근무가 꼭 맞는 사람이 있고, 어떤 사람은 주 60시간 근무를 기꺼이 담당할 수 있는 사람도 있다. 주 52시간 근무를 권장 사항으로 하고 이를 잘 지키는 업체에 혜택을 주되, 직장 형편에 따라 주 60시간을 일해야 하는 회사에는 혜택이 없도록 해야지 아예 주 52시간 이상 일을 못 하도록 법으로 전면 금지 하면 안 된다.

현재 주 52시간 노동제도를 노동자가 위반하면 고용주가 2년 이하의 징역이나 2,000만 원 이하의 벌금을 물게 된다. 이 제도로 전 국민을 강제하는 것은 생산성 향상을 가로막는 장벽이 될 수도 있고, 더 일해서 소득을 올리고 싶어 하는 국민의 자기 행복을 추구할 권리를 침해하는 것일 수도 있다.

반도체 특별법(주 52시간 근무 예외 적용)

반도체 특별법의 제정에 관하여 정치권이 시끄럽다. 반도체 산업이 대만과 중국에 추월당할 위기에 처한 데다가 국내기업들의 실적 저하로 경영이 어렵다. 그러니 고소득 연구개발 직원 당사자의 동의하에 바쁠 때는 일을 몰아서 하고 나중에 쉬는 것을 인정하자며 여당은 기업의 입장에 손들어 주는 반면에 야당은 노동자의 입장에 서서 주 52시간 근무의 예외를 허용할 마음이 없다고 한다. 우리나라 수출의 가장 주력 품목이 반도체이다. 대만이나 중국이나 일본은 고소득 연구개발자들의 근무시간 규제에 대해서 강제적이지 않다. 비메모리 반도체 분야에서는 전 세계 시장의 60% 이상의 압도적인 점유율로 대만의 TSMC(Taiwan Semiconductor Manufacturing Company)가 세계 1위이다. 이 업체가 한국의 삼성이나 하이닉스보다 기술개발과 연구에 압도적으로 많은 시간을 투자해서 계속 앞서 나가면, 그 결과로 삼성과 하이닉스가 경쟁에서 밀려 반도체 수출이 격감할 수 있다. 이미 그러한 조짐이 보인다. 그렇게 되면 무역적자 확대로 환율이 폭등하고, 외국 투자가들이 한국을 떠나면서 나라 경제에 비상벨이 울리고 나서야 부랴부랴 근무시간 늘려봤자 버스 지나가고 난 다음에 손들기이다. '국가 자본주의' 시대에서 국가가 경쟁력에서 밀리면 국민의 삶이 힘들어지기 마련이다.

핀란드의 '노키아'는 애플이 혁신적인 스마트 폰을 시장에 내놓기 전까지는 휴대폰 시장에서의 세계 최강자였다. 노키아의 '블랙베리' 폰은 미국 대통령도 좋아해서 인기도 높았고 아무튼 핀란드의 자랑이었다. 그러나 애플의 혁신 제품 스마트 폰이 출시되면서 결국 노키아는 휴대폰 사업부를 마이크로소프트사에 매각해 버렸고 이제는 쓸쓸한 역사의 뒤안길로 사라져 버렸다. 노키아가 거의 망하다시피 하자 가장 곤란해진 것은 핀란드 정부였다. 노키아로부터 받았던 법인세가 사라지자 나라 경제가 엉망이 된 것이다. 적어도 몇 년 동안은 나라를 운영하는 데에 재정적인 어려움을 겪을 수밖에 없었다. 이것이 '국가 자본주의'의 무서움이다. 삼성과 하이닉스를 중심으로 반도체 관련업종이 전체의 수출과 고용과 법인세 수입에서 차지하는 비중은 막대하다. 아마도 반도체 산업이 한국의 전체 산업에서 차지하는 크기가 집에 4개의 기둥이 있다면 그중에 하나의 기둥 역할은 할 것이다. 한국의 반도체 산업이 무너지면 나라 경제가 위태로울 수 있다. 모든 노동자가 아니라 고소득의 핵심 기술 인력에 대해서만이라도 주 52시간제의 예외를 허용하는 것은 결국 국익에 도움이 되는 것이다.

혹자들은 "그러면 연구원을 더 많이 투입하면 돼."라고 하겠지만, 현실은 그렇지 않다. 최첨단 제품을 개발하는 데에는 다년간의 실력과 경험이 검증되지 않은 기술자를 투입할 수도 없다. 중급기술자가 아무리 많아도 제품개발에 전혀 도움이 되지 않는다. 자동차 조립 현장에서 일하는 단순 기능공과도 전혀 다르다. 제품 출하 일정을 앞두고서는 일류 기술자들도 모두 긴장한다. 시제품에서는 생기지 않던 문제들이 양산 라인을 돌려서 만든 제품에서는 제조공정과 연관된 결함들로 불량품들이 섞여 나오고 이것을 속히 해결하지 않으면 회사는 천문학적인 손해를 입는다. 반도체 제조는 수율(收率) 싸움이다. 수율(收率)이란 전체 생산 제품의 개수에서 합격품의 개수의 비율을 말한다. 일정한 수율이 확보되지 않는 한 생산도 판매도 불가능하다. 그래서 수율을 높이기 위해 모두 머리 싸매고 매달린다. 주 52시간 근무만으로는 어림도 없는 일이다. 반도체 양산 제조 현장은 대부분 매일 16시간에서 24시간 가동된다. 이렇게 장시간 설비가 가동되며 생산되기 때문에 연구원들은 비번 날 집에서 쉬다가도 회사에서 급한 연락이 오지 않는지 촉각을 곤두세운다고 한다.

주 52시간 근무 제한은 이에 따른 납기 지연도 자주 일어난다. 한

반도체 기업은 52시간 제도 도입 전엔 제품개발 목표를 '20%'씩 초과 달성했다. 현재는 '납기 지연'이 일상다반사다. 불량 해결에도 시간이 너무 많이 소요된다는 게 업계 관계자들의 전언이다. 예컨대 대만 TSMC는 2023년 7월 발열 문제가 발생했을 때 모든 R&D 역량을 총동원해 두 달 만에 해결했다. 한국의 A사는 2022년 3월 발생한 발열 문제를 여전히 해결하지 못하고 있다."라고 반도체 업계 관계자는 말한다.

최근 중국에서 AI(인공지능) 모델 '딥시크(Deep Seek)'를 발표하며 전 세계에 충격을 주었다. Deep Seek의 성공은 Deep Seek의 R&D(연구개발진)들의 노력과 중국 정부의 파격적 지원의 합작품이다. 중국 과학기술의 빠른 성장은 과학기술 연구진의 밤낮없는 노력에 중국 정부의 아낌없는 재정 지원과 연구원에 대한 처우개선에 있다. 우리나라는 의사들이 엔지니어보다 훨씬 수입이 많지만 중국은 정반대이다. 뛰어난 기술자들의 수입이 평범한 의사보다 훨씬 낫다.

2014년경 대만의 TSMC가 14nm 핀펫 파운드리 공정 경쟁에서 삼성전자에 밀려, 고객사에 납품이 거부되자마자 '24시간 3교대' R&D를 강행했다.

일본도 R&D 근로자에 한해 연장·휴일 근무에 대한 한도가 없다. 다만 월 100시간 이상 근무 때 사용자가 해당 직원에 대해 건강검진을 시행하도록 의무화했다.

현대는 어느 나라의 자본이 튼튼한가의 경쟁 시대이다. 세계 시장에서 돈을 벌어오는 기업은 국가의 자본이자 자산이다. 이러한 기업을 아끼고 소중히 여기는 정책이 결국 국민을 위하는 길이다. 일하는 소의 입에 망을 씌우지 않고 일하는 소를 힘들게 하지 않는 농부가 현명한 농부이듯이, 자국 기업을 지원하고 연구개발 인력을 보물로 여기는 사회풍토와 정부의 정책이 절실하게 필요한 시점이다.

고소득 전문직은 그를 고용한 회사와 본인의 동의를 조건으로 파격적인 보상 체계를 갖는 대신에 근로 시간 규제의 예외를 허용하는 것이 지금 세계적인 추세이다. 전문직의 총 노동시간을 늘리는 것이 아니라 특정 시기에 집중하는 정도의 유연성을 부여하는 것도 합리적이다. 이른바 돌관작업(突貫作業)이다.

'돌관작업'이란 주로 프로젝트의 일정을 앞당기거나 지연된 작업을 빠르게 완료하기 위해 집중적으로 작업하는 과정을 뜻한다. 고객으로부터 반도체의 신제품을 수주받으면 시제품 테스트를 거쳐서 양산(量産)이 허가된다. 그러면 계약조항에 의해 정해진 일시에 정해진 수량을 고객사에 공급해야 한다. 이를 어기면 지체보상금을 내야 하고, 물량 공급에 심각한 차질을 빚으면 발주자가 계약을 해지할 수도 있다. 정해진 시간 내에 할당된 작업량을 끝내야 하므로 작업자들이 높은 집중력과 긴박함을 가지고 장시간 작업할 수밖에 없다. 납기를 지연할 수 없기 때문이다. 작업자는 피로하게 되므로 장시간 동안 돌관작업을 할 수는 없다. 단기간에 많은 시간을 집중해서 일한 후에 휴식과

휴가가 보장되어야 한다.

　연구개발 부문까지 주 52시간을 강제하면 그 기업은 세계 시장에서 경쟁력이 떨어져 그 피해는 국민에게 고스란히 돌아간다. 2025년 2월 현재, 한국의 수출 효자종목인 반도체 수출이 16개월 만에 마이너스가 됐다. 미국, 아세안, 인도 등으로의 수출은 크게 늘었지만 반면에 우리나라 반도체의 최대 수출시장인 중국에서 15.3% 감소한 영향이 크다. 반도체 전체 수출액의 절반 정도를 차지 해왔던 중국 시장으로 수출이 줄어든 이유는 중국 저가 D램이 자국 내수 시장에 대거 풀린 것 때문이다. 이제까지 이런 적이 없었다. 반도체 시장에 대해 좀 더 자세히 살펴보면 예를 들어 DDR5 제품이 있다. DDR(Dual Data Rate)5 메모리는 데스크톱, 노트북, 서버, 스마트 폰, 태블릿 등에서 주 메모리로 사용되는 제품이다. 쓰임새도 다양해서 고성능 게임과 비디오 편집 및 3D 렌더링 작업을 하는 그래픽카드에 핵심부품으로 들어가고, 인공지능(AI) 및 머신러닝에서 추론 작업, 데이터 센터와 서버 환경에서 대용량의 데이터를 빠르게 처리하여 시간을 단축하고 업무 효율을 올리는 데 쓰이는 제품이다.

　DDR5는 이제까지 삼성과 SK하이닉스의 주력 제품으로서 매출과 수익을 보장받았던 효자 상품이었다. 그런데 2024년 12월에 중국의 창신 메모리(CXMT; Chang Xin Memory Technologies)의 DDR5 제품이 중국 내수 시장에 본격적으로 양산·공급되면서 상황이 바뀌고 있다. 중국의 반도체 기술력은 한국에 2~3년 정도 뒤처져 있는 것으로 알고 있었다. 그런데 어느새 우리의 턱밑까지 쫓아오더니 2025년 현재에는 한국과 어깨를 나란히 하고 있다. 욱일승천(旭日昇天)의 기세로 한국을 제치고 날아오르는 중국의 반도체 산업을 바라보며 위기감을 넘어 우리의 일자리가 언제라도 사라질지 모른다는 공포감에 휩싸인다. 이와 같은 업계의 위기감으로 이번에 '반도체 특별법'으로 '핵심 연구개발 인력'에 대해 '주 52시간 근무' 예외를 허용해 달라고 하소연하고 있다. 그런데 국회의 다수당인 야당과 대기업노조는 절대로 예외 허용을 할 수 없다고 한다. 중국의 창신 메모리(CXMT)가 주 52시간 근무만 해서 DDR5를 개발한 것이 아니다. 이제 한국과 중국 사이에 기술격차가 거의 없는 상황에서 어떻게 저들보다 더 적은 시간 노력하고 더 좋은 제품, 더 싼 제품을 개발할 수 있겠는가? 기업이 경쟁에서 패배해서 폐업하면 거기에 소속된 직원들은 실업자가 되고, 협력업체들도 연쇄적으로 파산되며, 그 기업이 있던 지역경제도 망가지고, 나라는 세수가 없어지므로 결국 국민복지에 투입할 재원이 부족해져 국민의 삶이 힘들어진다.

여론조사 업체 '리얼미터'가 '반도체 연구개발 인력에 한정해서 주 52시간 근무 예외'를 전국 1,507명을 대상으로 설문조사 했더니 찬성한다는 응답이 57.8%, 반대한다는 응답이 27.1%로 나왔다. 이념 성향이나 남녀노소와 관계없이 2배 이상이 찬성하고 있다. 이러한 여론을 받아들여서라도 국회의 다수당인 야당은 조속히 정책에 반영해야 한다. 우리나라 반도체 산업의 골든타임이 얼마 남지 않았다. 실기(失機)하지 않기를 바랄 뿐이다.

말뫼의 눈물

'말뫼'라는 도시는 스웨덴의 지방 도시로서 제2차 세계대전 이후에 해운화물 물동량이 늘어나 말뫼의 조선업도 호황을 맞이했다. 1970년대에는 말뫼의 코쿰스 조선소는 세계 최대의 조선소 중 하나였으나, 이후 한국과 일본의 조선소와의 경쟁에서 밀린 코쿰스는 1987년에 도산했다. 높이 128m, 무게 7,560t의 초대형 크레인은 도시의 랜드마크로서 지역 주민의 자랑거리였으나 코쿰스의 도산으로 이 골리앗 크레인을 처리해야 했다. 그런데 해체 운반비용만 해도 220억 원에 달해서 무용지물로 방치되다가 결국 2003년에 현대중공업에 단돈 1달러에 팔리게 되었다. 말뫼 사람들은 크레인이 해체되어 멀리 떠나는 모습을 눈물을 흘리며 지켜봤다. 이 사건은 말뫼 주민들에게 큰 충격을 주었고, "말뫼의 눈물"이라는 표현이 널리 알려지게 되었다. 업종의 쇠퇴와 기업의 도산은 해당 지역 주민들에게 엄청난 충격으로 다가온다. 생계가 위협받기 때문이다.

우리는 지금 인공지능과 로봇의 4차 산업혁명의 소용돌이 속에서 살고 있다. '과잉생산과 수요의 부족'이 전 세계를 짓누르는 상황이라 한국은 반도체만이 아니라 석유화학, 전기 전자, 기계, 화학, 바이오, 중공업, 플랜트 등 모든 업종에서 수출 부진을 겪을 가능성이 매우 높다. 게다가 관세전쟁이 본격적으로 가시화되고 있어 기업들은 관세 보복을 피해 현지에서 생산해서 팔 수밖에 없다. 최근의 《한국경제신문》의 조사에 의하면 2025년 국내에서 공장을 가동하고 있는 식품과 패션, 화장품업체 30곳에 설문 조사했더니 국내에 신규공장 건설은 2

곳에 불과하고, 16곳이 해외에 공장을 건설하겠다고 한다. 그 이유는 인구가 줄어들고 있는 우리나라에서 성장을 기대하기 어렵기 때문에 한국에 공장을 세우는 것 자체가 위험이 너무 크다는 것이다. 일자리 사라지는 소리가 여기저기에서 들리고 있다. 일반 노동자들에게는 주 52시간 노동을 지키더라도 연구개발 핵심 인력들은 주 52시간 근무의 예외를 허용해 주는 것이 합리적이지 않을까? 왜냐하면 그들이 경쟁력 있는 제품을 개발해서 새로운 일자리를 창출하는 핵심 인재이지 않은가? 새로운 좋은 일자리를 만들어 내는 사람들에게 일을 하지 말라는 것은 설득력이 없어 보인다.

모든 제조업에서 '연구개발직'의 핵심 요원은 주 52시간 근무 예외를 허용해야

지금부터 왜 연구개발직의 핵심 요원들에 대해서 주 52시간 노동의 예외를 허용해야 하는지 그 이유를 밝히겠다.

지난 2월 16일 대한상공회의소와 한국산업기술진흥협회가 기업 부설연구소와 R&D 부서를 둔 500여 개 기업을 대상으로 주 52시간 제도가 기업의 R&D에 미치는 영향을 조사한 결과를 발표했다. 발표에 의하면 전체 기업의 76%가 R&D 성과가 줄었다고 응답했다. 혁신성이 저하된 분야로는 신제품 개발 분야가 45%(복수 응답), 제품개선(35%)과 연구 역량 축적(29%), 신공정 개발(25%) 순으로 응답했다. 주 52시간제도로 인해 R&D 소요 기간이 늘었다고 대답했다. R&D 능력 저하에 대한 대책으로서는 응답한 기업의 70%가 '노사 합의를 통한 자율적인 근로 시간 관리'와 추가 8시간의 연장근로를 허용해야 한다고 응답했다. 기업들이 스스로 제품개발력이 저하되고 있다고 실토하고 있는 현재의 상황을 이대로 방치하면 수출로 먹고사는 우리나라가 판매하는 상품의 국제 경쟁력이 떨어져 이는 곧 국내 일자리가 사라진다는 것을 걱정하지 않을 수 없다.

'주 52시간 근무 예외 업종'으로 반드시 적용해야 할 대표적인 업계가 게임업계이다. 게임산업은 창의성과 집중력의 싸움인데 근로 시간에 얽매이면 핵심 경쟁력을 잃게 된다. 특히 새로운 게임을 출시할 때 일감이 몰리는 시기에 주 52시간을 적용하는 것은 큰 문제이다. 국내 게임사들이 이러한 근무시간의 규제로 발이 묶여 있는 사이에 중국 게임업체들은 세계 시장을 석권하고 있다.

2025년 2월 국내 인기 게임 순위에서 중국 게임이 매출 기준으로 1위와 2위를 모두 차지했다. 게임 강국으로 불리던 'K-Game'의 안방을 중국에 내준 셈이다. 업계 관계자의 말은 이러하다.

"중국 게임사들은 3교대로 개발자를 편성해 쉼 없이 코드를 짜고 있기 때문에, 국내 게임사가 정규직 개발자를 대규모로 늘린다고 해도 중국을 따라가기는 어렵다."고 실토한다.

한국 콘텐츠 진흥원이 게임업계 종사자 1,510명을 대상으로 지난

해에 설문 조사한 결과, 58.7%가 노동 유연화에 찬성했다고 한다.

우리나라의 노동생산성은 OECD 국가 중에서도 하위권이다. 그동안 우리나라의 노동시간이 길다고 해서 여러 나라에 화제가 된 적이 많았다. 그래서 주 52시간을 노동 제한 시간의 강제 규정으로 적용하게 되었지만, 핵심은 노동생산성을 끌어올리는 정책을 함께 시행해야 했다.

즉, 노동생산성은 그대로 둔 채 노동시간만 줄이니 성과물(Output)도 함께 줄어들게 된다. 이것이 오늘날 저성장과 불황의 배경이다. 성과물이 적어지니 수입도 줄고, 수입이 줄어드니 소비도 줄게 된다. 노동생산성을 끌어올리는 일에 여야가 따로 없고, 노사가 따로 없다. 모든 국민이 함께 노력해야 할 일이다.

지금 한국의 금형산업이 위기를 맞고 있다. 이유는 가격이 비싸서라기보다 납기를 예전처럼 빨리 맞추지 못하기 때문이다.

우리나라 금형 수출 지역은 주로 일본과 독일, 미국 등 선진국이다. 금형은 주로 양산용 설비로 사용된다. 금형 제작을 얼마나 빨리 할 수 있느냐에 따라 고객사의 주문 가능성이 커진다. 외국 바이어가 납기를 90일로 희망하면, 우리의 금형 제작 업체는 그 납기를 60일로 줄이겠다고 역제안하여 주문을 받아내곤 했었는데, 지금의 주 52시간 근무로는 이러한 납기 단축이 불가능해졌다. 그 결과 금형 수출이 2020년 28억 8,000만 달러에서 2024년에는 19억 7,000만 달러로 32%나 줄어들었다. 주 52시간 근무 제한 이전에는 납기 경쟁력으로 따오던 일거리가 납기를 맞추지 못하자 중국으로 넘어가고 있다. 반면에 중국은 '제조 2025' 정책을 시행해서 뿌리산업을 전략적으로 육성하고 있다. 특히 중국 정부는 자국 기업이 금형산업에 신규 설비투자 하는 부담을 줄여주기 위해, 은행 융자 자금에 대해 50년 분할 상환도 허용하고 있다. 최신식 설비를 도입해 주 52시간 근무의 제한도 없이 일하는 중국업체와 우리의 금형업체들이 경쟁에서 매우 불리한 상황이다.

우리나라 재정에 지난 2년간(2023년, 2024년) 세수 결손액이 87조 원이나 된다. 정부는 결국 한국은행에 손을 내밀어 돈을 빌려 쓰는 지경이다. 왜 세수 결손이 생겼느냐 하면 법인세의 결손이 원인이다. 우리나라 법인세는 매년 대략 70~80조 원 정도 걷히는데 지난 2년간 반도체와 전기 전자, 석유화학, 철강 기업 중 상당수가 적자를 면치 못했다.

반도체와 전기 전자업종이 타격을 많이 받은 이유는 미국과 유럽 시장을 두고 대만과 중국, 일본과의 경쟁에서 밀렸기 때문이다. 우리나라 반도체 산업은 메모리반도체가 주력인데, 중국업체의 저사양 저가 D-RAM 반도체 양산으로 인해 국내업체의 제품이 시장에서 제값 받기가 힘들어졌다. 게다가 대만은 중국의 군사적 위협에 자국 생산을 해외로 이전하기로 하여 일본 구마모토에서의 반도체 생산을 더욱 확대하고, 게다가 미국에서 비메모리 반도체 투자도 가속화하고 있다. 미국의 트럼프 대통령은 관세를 무기로 각 나라를 압박하며, 관세를 내지 않으려면 미국에 공장을 세우고 미국의 노동자를 고용하라고 협박조로 말하고 있다. 대만의 TSMC는 이에 자극을 받아 1,000억 달러를 투자하겠다고 트럼프 대통령 앞에서 약속했다. 우리나라 삼성도 미국에 투자해서 공장을 짓고 있지만, TSMC의 투자에는 미치지 못한다. TSMC가 선제적으로 치고 나가서 미국 시장에서 우위를 선점하려고 하는 중에, 우리는 겨우 연구개발직의 핵심 요원들에 대한 주 52시간 근무 제한 문제로 옥신각신하고 있으니 한심하다는 느낌이 든다. 만약 삼성이 국내 투자에 여러 가지 제약 요건들, 즉 전력을 공급받는 문제나 용수(用水) 문제와 개발 인력의 근무시간 제한 등을 장애로 여겨 국내 투자를 최소화하고 미국에의 투자로 선회한다면 어떻게 되겠는가? 삼성이나 하이닉스 같은 기업들이 처한 어려운 상황을 정부와 국민은 살펴주어야 한다. 왜냐하면 이러한 기업들이 좋은 일자리를 많이 만들고 지역경제를 살리고 세금을 많이 내서 국가를 운영할 힘을 주기 때문이다. 이 회사들이 한국에 계속 투자하도록 애로사항을 해결해 주고자 하는 적극적인 자세를 가져야 한다. 이 기업들을 잘 보살펴야 하는 궁극적인 이유는 이 기업들이 예뻐서가 아니라 우리 자신의 생존과 직결되기 때문이다.

전 세계 비메모리 반도체 산업에서 65% 정도의 압도적인 시장 점유율을 자랑하고 있는 대만의 TSMC는 AI와 로봇과 자동화의 흐름에 편승해 경쟁자인 한국업체들을 완전히 따돌리려 하고 있다. 대만이 일본과 손을 잡고 한국을 견제하는 반도체 산업은 미국 시장에서의 입지도 우리보다 더 유리하다. 한국의 반도체 산업은 중국이 저가

메모리반도체를 양산해서 가격으로 치고 나오고, 대만과 일본은 연합해서 고부가가치 메모리 반도체와 비메모리 반도체 시장 전체를 장악하려는 전략으로 인해 한국은 양면에서 협공당하는 형국이다. 이러한 어려운 상황을 어떻게 돌파할 것인가? 결국 반도체 업계는 연구개발의 핵심 기술자들의 노력과 혁신에 희망을 걸 수밖에 없으므로 핵심 기술자들에 대해 주 52시간의 노동 제한의 예외를 허용해 주기를 국민에게 간절히 호소하고 있다.

또한 우리나라 석유화학 관련 회사들이 대부분 대규모 적자를 내고 위기 상황에 몰려 있다. 러시아의 우크라이나 침공 이후, 미국과 유럽이 러시아에 대한 경제제재를 발판으로 삼아 중국은 싸게 러시아 원유를 사는 어부지리를 얻었다. 그리고 자국의 정유회사들을 통해 만든 싼 제품들을 전 세계에 뿌렸다. 이것이 현재 국내 정유회사들이 대규모 적자를 내는 직접적인 원인이다. 이처럼 중국제품의 싼 가격에서 밀리고 있는 상황에서 석유화학이나 조선과 철강 등 장치산업은 또한 규모의 경제에서도 중국에 크게 밀리고 있다. 중국의 국내시장 규모는 우리나라보다 15배 이상 크기 때문에 대규모 석유화학 플랜트를 운영하며 저비용 구조를 기반으로 경쟁력을 확보했다. 중국제품이 국제시장에서 한국 제품의 거의 절반에 가까운 가격에 팔리고 있다고 한다. 석유화학 제품의 주요 원료인 나프타 가격은 국제 유가에 따라 민감하게 변동하는데 최근 몇 년간 유가 상승이 이어지면서 생산 비용이 크게 올랐다. 그렇지만 중국과의 경쟁 때문에 제품 판매 가격은 인상할 수 없어 기업의 수익성은 나날이 악화되고 있다. 게다가 한국의 높은 인건비와 특히 전력 및 가스 요금 상승이 생산 원가에 큰 압박을 주고 있다. 전 세계적으로 탄소 중립과 ESG(환경·사회·지배구조) 경영이 강조되면서, 석유화학 업계는 친환경 전환과 관련된 추가 비용도 부담해야 하는 상황이다.

정부는 위기의 석유화학 산업을 구하기 위해 긴급 금융지원과 세제 혜택을 확대하고, 수출 경쟁력을 높이기 위한 물류비 지원 정도를 고려하고 있다. 하지만 이것은 임시방편일 뿐이고, 궁극적으로는 고부가가치 제품개발을 위한 R&D 투자 확대로 국제 경쟁력의 확보가 유일한 해결책이다. 혁신적인 기술 도입과 생산 공정의 개선, 친환경 기술로 전환이 절실하다. 이 일을 할 수 있는 사람은 누구인가? 바로 연구개발의 핵심 인력이다. 모든 노동자에게 주 52시간 근무시간의 제한은 적어도 현재의 한국에서는 적절하지 않다.

철강산업도 석유화학산업과 마찬가지로 위기 업종이다. 중국산 저가 철강의 유입으로 국내 철강업체들이 생존의 위협에 몰려 있다. 국내 양대 제철 회사에서 용광로의 불을 끄고 있다는 것이 그 증거이다. 이는 단순히 제철 설비의 보수(補修)를 위해서 불을 끈 것이 아닌, 국내산 철강이 팔리지 않으니까 어쩔 수 없이 용광로의 불을 끈 것이다. '철강은 산업의 쌀'이다. 산업의 쌀이 제대로 공급되지 않으면 후방산업인 기계 장비, 조선, 중공업, 금속 등 업종에 직접적으로 악영향을 미친다. 이 문제의 해결도 또한 연구개발의 핵심 인력들의 몫이 아닐까?

수출로 먹고사는 우리나라에 있어서 좋은 일자리의 산실은 제조업이다. 반도체와 전자, 전기를 비롯해서 조선, 자동차, 석유화학, 화학과 바이오, 기계, 중공업과 플랜트, 원자력, 철강 등 주로 선진국들과 경쟁하는 제품이 많다. 강력한 경쟁국인 미국, 일본, 독일, 중국, 대만, 유럽 각 나라에서는 우리나라처럼 전체 노동자에 대해 주 52시간 근무를 일괄적으로 제한하는 국가는 많지 않다. 법적으로는 주 52시간을 규제하더라도 실제로는 가벼운 처벌이나 경고에 그칠 뿐이다. 이들 나라들은 모두 고소득 연구개발 기술자들에게 유연근무를 적용하고, 노사 간에 상호 합의를 전제로 근무시간 제한의 예외를 허용하고 있다. 다만, 장시간 노동이 노동자의 건강을 해칠 우려가 있기 때문에 해당 노동자에 대해서 건강 상태의 검진을 의무화하고 있다. 우리나라만 주 52시간 노동의 엄격한 적용을 고집하다가 국제 경쟁에 뒤처져서 무역적자의 구렁텅이에 빠지면 그 피해는 고스란히 국민의 몫이 된다. 실업자들로 거리가 가득 차고, 물가는 폭등하고, 사회는 뒤숭숭해져서 외국인 투자자들이 우리나라에 등을 돌리고 떠난 후에야 후회하며 연구개발직에 대해서 주 52시간 근무의 예외를 허용해 봤자 버스 지나간 후 손들기일 뿐이다. 노동시간을 두고 논쟁하는 지금이야말로 우리나라가 안정된 선진국으로 자리 잡느냐 아니면 다시 개발도상국으로 밀려나느냐를 결정짓는 갈림길에 서 있는 것인지도 모른다.

주 52시간 초과 근무자들에 대한 처우도 제대로 해야

예를 들면 연봉 1억 5,000만 원 이상의 고소득자들에 대해서 주 52

시간 이상의 집중근무를 허용하는데도, 고소득자이기 때문에 초과 근무에 대한 수당도 없이 일을 강제하는 것은 올바르지 못하다. 이 핵심 기술자들이 초과 근무를 하는 것은 회사 경영상의 사유로 하는 것인 만큼 초과 근무에 대해 제대로 보상해야 한다. 전통적으로 야근수당은 50% 급여 할증, 휴일 근무는 100% 급여 할증이다. 또한 초과시간 근무자들의 건강을 위해서 건강검진을 포함한 적절한 휴식 시간의 부여도 반드시 되어야 한다.

주 52시간 노동을 생산성을 기준으로 다시 조정해서 가계소득 저하를 막아야

생산직의 주 52시간 노동도 각 기업이 노사 합의에 의해 근무시간을 자율적으로 조절하도록 해야 한다. 한국의 노동생산성은 선진국의 절반 수준이다. 장시간의 노동 투입으로 생산성 부족을 보충해 왔는데 노동생산성 향상을 위한 시설투자나 적합한 조치 없이 주 52시간 노동제도가 졸속으로 시행되다 보니 노동자의 월급이 줄어들었다. 중소기업 노동자들의 급여가 삭감되었고, 야근과 특근이 없어지면서 생활이 어려워졌다. 야근이 없어진 노동자 가구당 60~80만 원의 월급이 줄어서 자녀들의 학원을 끊거나 반찬 가짓수를 줄여야만 하였다. 그래서 퇴근하고 투잡을 뛰며 수입을 보충하는 사람들이 많아졌다. 하지만 피곤해서 본업에 집중하지 못해 노동생산성이 떨어지는 악순환이 반복되고 있다. 투잡을 뛰느니 한 직장에서 야근을 하게 하는 것이 피곤도 덜할 것이다.

최저임금제도도 지역별, 업종별로 차등화해야

　최저임금제도도 지역별, 업종별로 차등을 둘 필요가 있다. 지역별, 업종별로 판매 점포의 매출액 차이가 있다. 이를 반영하지 않으면 급여가 낮은 업종의 취준생과 비정규직이 타격을 받아 일자리가 없어진다. 지방 도시나 농어촌은 소매업체의 매출액이 수도권에 비해 낮다. 또한 지방 소도시와 농어촌은 생활비도 대도시에 비해 적게 든다. 따라서 서울과 수도권과 동일한 최저임금을 요구하는 건 사리에 맞지 않는다. 따라서 지역별 최저임금 제도를 도입하지 않으면 농어촌과 지방 소도시의 서비스업 노동자들은 취업이 어려워질 거다. 최저임금제도도 지역별로 차등을 주는 것이 바람직하다. 중앙정부가 가이드라인을 제시하고, 지방 지자체장이 지역의 의견을 수렴해 정하는 것이 좋을듯하다. 업종별 최저임금도 각 업종을 대표하는 기관의 책임자가 의견을 수렴해 정하는 것이 나을듯하다.

　원래 최저임금은 수요와 공급의 법칙에 따라 정해지는 것이 맞다. 정부의 강제 개입은 여러 가지 문제를 만들어 낸다. 시장에서 형성된 임금보다 월급을 적게 주면 고용주들은 직원을 뽑기 어려워져 자연스럽게 고용시장에서 퇴출된다. 고용시장에서 퇴출되지 않기 위해 월급을 올리게 되며, 경쟁자들보다 사업을 더 잘하기 위해 숙련된 노동자를 구하려는 경쟁에 의해 월급은 인상된다.

　정부가 급격하게 최저임금을 인상하고 규제하면 저숙련 노동자와 취준생들이 취업을 못 하게 된다. 실업문제를 해결하려면 노동생산성 향상을 위한 설비 자동화 투자에 투자세액공제를 확대하고, 비정규직의 직업 교육 훈련을 확대하고, 처우도 개선해야 한다. 좋은 일자리를 많이 만들려면 법인세 인하, 투자 세제 지원, 규제 개혁, 노동시장 제도의 선진화, 기술 개발 촉진, 교육 혁신, 정책의 예측 가능성 제고 등이 필요하다. 미래는 예언할 수 없지만 창조할 수 있다. 인공지능과 기계문명으로 만들어 가는 사회에서 사람의 역할을 어떻게 구분하고 조화시키는가에 미래가 달려 있다. 사람의 할 일을 잘 구분하고 인공지능과 기계와 협업하는 것을 잘 준비하면, 노동자는 더 적은 시간을 일하면서 더 많은 자유시간과 재충전, 행복한 삶을 보장받을 수 있다. 예전에 했던 Q.C 분임조 활동이 다시 부활해야 하고, 생산성 향상과 혁신을 위한 활동이 다시 활발하게 일어나야 한다.

각종 발명대회와 벤처 창업의 분위기가 고양되어 기업가정신이 고취되어 도전과 모험을 통해 밝은 미래 사회를 앞당기려는 청년들이 많이 나와야 한다. '생산성 향상과 혁신'이 우리나라가 선진국으로 지속적으로 발전해 나가는 열쇠라면 어떻게 해야 할까?

제조 현장 설비의 최적화 배치

일본의 어떤 유공압기기 전문 제조 수출업체는 일본 국내 생산으로도 세계 시장에서 가격 경쟁력을 유지하기 위해 제조 현장 직원들을 다기능화하는 데 성공했다. 주부 사원이 NC 자동화 선반을 다루어 부품을 가공하는데, 비수기에는 직접 NC 기계 1대로 작업을 하다가 성수기에는 자동화 로봇을 가동해서 생산량을 끌어올려 판매에 대응한다. 이 주부 사원은 성수기, 비수기에 모두 대응할 수 있도록 다양한 기계를 작동하고 관리할 수 있는 다기능 보유자이다. 이처럼 사람에 대한 투자로 사원을 다기능화 전문요원으로 준비시키는 것이 생산성 향상의 열쇠이다. 한 가지 기능밖에 없는 사람들은 4차 산업혁명이 빠르게 진행되면 아마도 해고될 것이다.

인공지능을 활용한 빅데이터 사업 등으로 기존의 산업군에서 대량의 실직 사태가 일어날 가능성이 크다. 이미 대기업과 은행과 병원의 콜센터의 전화교환원은 대부분 AI(인공지능) 스피커 대응으로 바뀌었다. 대부분의 고객이 AI 스피커와 상담을 하고, AI로 상담이 곤란한 영역만 전화교환원이 대응한다. 그 많던 전화교환원들이 이미 실직을 당했다. AI 스피커는 초기 투자 비용은 들지만 인건비가 들지 않는다. 24시간 가동해도 노동법에 위반되지 않는다. AI와 로봇이 인간의 일자리를 차지하면서 나타난 실직 사태는 심각한 사회문제를 일으킬 것이다. 앞으로는 로봇과 인공지능을 사용하는 회사에 기본소득세를 부과해서 거둔 그 세금을 모든 가구에 '기본소득'을 지급해야 할지도 모른다.

따라서 이러한 실직 사태를 막으려면 빠르게 변화하는 직무 환경을 따라잡기 위한 지속적인 재교육이 필요하다. 그리고 이러한 산업혁명의 흐름에 능동적으로 올라타지 않으면 결국 산업혁명을 선도하는 나라에 경제적 주권을 빼앗기고 노예 상태로 전락할 위험에 빠지게 될 수도 있다. 산업현장에서 가장 바람직한 생산성 향상 방법은 사람이 수동으로 해야 할 작업과 반자동화해야 할 것과 완전자동화해야 할 것을 작업자를 중심으로 가장 효율적으로 업무를 나누는 것이 궁극적인 생산성 향상과 혁신의 방법이다.

유명한 스포츠용품 업체 아디다스가 야심 차게 시작했던 로봇 신발공장인 '스피드 팩토리'를 3년 만에 접었다. 그들은 로봇을 이용해 신발생산 공정을 완전자동화하여 2016년에 독일 안스바흐에서 처음 가동했고, 2017년에는 미국 애틀랜타에서도 공장을 가동했다. 자동화된 생산라인을 통해 생산시간을 단축하고 소비자 개개인의 기호에 맞춘 소량 생산이 가능하도록 계획했다. 아디다스 측에서 막대한 자금을 들여 만든 '스피드 팩토리'를 스스로 접었다는 것은 실패를 자인하는 것이다. 아디다스 측에서는 왜 공장을 폐쇄하는지 그 이유를 밝히지는 않았지만, 외신들이 추정하기로는 로봇 공장에서 만들 수 있는 신발의 종류가 제한될 수밖에 없고, 다양한 신발을 로봇으로 생산하려면 더욱 막대한 시설투자를 해야 하는데 그렇게 하기에는 투자 대비 매출이나 생산효율이 나오지 않기 때문으로 추측된다. 완전 자동화 시스템은 여러 가지 조건을 고정시킨 특화생산 시스템이다. 따라서 생산할 제품의 변수가 늘어나거나 하면 자동화 라인을 쉽게 바꿀 수가 없다. 그래서 완전 자동화 공장은 실제의 제조 현장에서 적용하기에 현실성이 떨어지는 시스템이다. 그렇기에 작업자의 수동 작업과 치구와 공구의 도움을 받는 반자동화 작업과 일부 공정은 로봇에 의한 완전자동이 되도록 하되, 이 모든 작업은 작업자를 중심으로 생산성을 올리도록 합리적으로 구성되어야 한다. 이것이 진정한 의미에서 생산 혁명이며 우리가 계속 추구해야 할 방향이다.

왜냐하면, 소품종 대량 생산 시대는 지나갔고, 현재와 미래는 다품종 소량 생산 시대이기에 생산 공정의 특성을 고려해 수요 변동에 유연하게 대응할 가장 경제적인 생산 체제를 구축하는 것이 관건이다. 생산 현장의 사원이 다기능화되어 공정 합리화의 주역이 될 때 생산성 향상과 혁신이 가속된다. 다기능화된 생산직 사원의 생산성 향상과 혁신의 열매는 결국 노동자의 급여와 복지의 향상으로 연결될 때 혁신은 지속된다. 국내 대기업들은 4차 산업혁명에 대응할 자금과 조직과 경험에서 충분한 역량이 있다. 그러나 전체 기업의 90%가 넘는 중소기업들은 산업혁명에 대응할 준비가 제대로 되어 있지 않다. 중소기업들이 4차 산업혁명에 성공적으로 올라타도록 국가에서 지원하기 위해 정부가 해야 할 주요한 역할이 있다.

세무 당국은 각 회사의 재무제표 등 경영실적 자료를 갖고 있다. 세무 당국은 상공회의소, 한국생산성본부, 테크노파크, 생산기술 연구원, 한국표준연구원과 협업해서 동종 업계의 시설투자 성공과 실패 사례에 대한 자료를 확보하고, 신규로 시설투자 하려는 중소기업과 공유하면 시설투자의 실패를 예방할 수 있다. 이러한 자료를 바탕으로 대기업에서 은퇴한 실무전문가들로 팀을 구성해 중소기업에 경륜과 지혜를 제공하는 멘토제도를 운영하면 성공적인 시설투자와 생산혁명의 길로 이끌어 줄 수 있다. 정부가 이러한 멘토들을 채용하고 준비시켜 중소기업이 산업혁명에 성공적으로 올라타도록 지원해야 한다. 아무튼 중소기업이 로봇과 숙련된 기술자의 만남으로 고부가가치 제품을 개발하고 생산성 향상에 매진하도록 정부의 지속적인 관심과 지원이 필요하다.

기업가정신

사람들이 사업을 하고 싶은 이유는 무엇일까? 돈을 많이 벌기 위해서? 반은 맞고 반은 틀린 답이다. 사람들이 사업을 하고 싶은 이유는 주도적인 삶을 살고 싶어 하기 때문이다. 그렇다고 사업을 하고 있지 않은 사람들이 주도적인 삶을 살고 있지 않다는 뜻은 아니다. 다만 사업하고 있는 사람은 항상 주도적으로 생각하고 항상 계산을 한다. 투자해야 하나? 말아야 하나? 이것을 선택해야 하나? 저것을 선택해야 하나? 오늘은 이익이 났나? 손해가 났나? 비록 몸은 쉬고 있어도 머릿속으로는 계속 바쁘다. 때를 가리지 않고 이해득실을 계산한다. 밥 먹을 때에도 생각하고 심지어는 자면서 꿈속에서도 생각한다. 그러니 사업가들은 사업을 접기 전에는 진정한 쉼이 없다. 기업가정신이란 사업가의 이러한 마음가짐을 그저 멋진 말로 정리해 본 것뿐이다.

다른 사람보다 뛰어난 사람은 정말로 뛰어나다고 할 수 없다. **예전의 자기보다 뛰어난 사람을 정말로 뛰어난 사람이라고 할 수 있다.** 혁신을 추구하는 사업가들은 예전의 자기보다 뛰어나려고 부단히 노력한다. 그들 대부분은 주위의 많은 사람이 실패했다고 생각하는 순간에도 정작 본인은 실패 따위는 생각하지 않고 그것이 '성공 과정' 즉,

'혁신'이라고 생각하고 있었다.

에디슨이 미국 뉴저지에서 1879년에 탄소로 된 필라멘트를 이용한 전구를 발명하고 후에 필라멘트의 재료로 텅스텐을 쓰는 것이 가장 오래간다는 것을 수많은 실험을 통해서 밝혀낸 것이다. 처음으로 전구를 설계했던 사람은 1809년에 조지프 스완이었으나 상용화에는 실패했고, 그 이후에도 런던에서는 헨리우드와 매튜 에버릿이, 그리고 1840년대의 미국에서는 미셸 페리에와 제임스 울프도 다양한 재료의 필라멘트로 실험에 도전했었으나 상용화에는 실패하고 포기했다. 제일 나중에 에디슨은 이러한 모든 시행착오와 실패를 딛고 끝까지 혁신에 혁신을 거듭하면서 상용화되기까지 포기하지 않았기 때문에 결국에는 성공했던 것이다. 에디슨이 전구 상용화의 발명을 발표하는 그 순간에도 뉴욕시에서만도 10명 이상이 각자의 연구실에서 전구발명에 경쟁적으로 매달렸다고 한다.

전구발명에 매달렸던 다른 많은 사람들의 이름은 우리가 기억하지 못하지만, 에디슨만큼은 기억하는 이유는 그는 남들보다 뛰어나려고 경쟁하기보다 어제의 나보다 뛰어나려고 계속 혁신에 몰두했기 때문이다.

에디슨의 전구발명까지 3,000번 이상의 실험을 거쳤다고 알려져 있는데 그것은 에디슨이 3,000번의 실험을 했다는 뜻이 아니라 아마도 전구개발에 힘썼던 모든 사람의 실험 횟수를 어림잡아서 정리해 본 것일 가능성이 높다.

에디슨의 도전 정신을 기업가정신이라고 한다면, 지금 우리나라의 경제성장에 가장 시급한 것은 '기업가정신의 회복'이다. 기업가정신이 살아 있는 나라는 번영하고, 기업가정신이 죽으면 나라는 쇠퇴한다. 나라가 쇠퇴하는 이유는 위험을 안고 도전하는 투자자들이 사라지기 때문이다. 사회가 이렇게 되면 경쟁력 있는 제품과 서비스가 생겨나기 어려워서 사람들의 생활 형편이 좀처럼 나아지지 않게 된다. 물가는 비싸지고 상품의 품질은 형편없어지니까 물건이 안 팔리게 되어 결국 나라 경제는 후퇴하여 살기 어려워지니 실업자만 늘어난다. 그러므로 우리 사회에서 기업가정신을 살리는 것은 나라 번영을 위한 기초를 다지는 것과 같다.

지금의 10대 재벌들은 창업하여 거의 대다수 30년 이내에 10대 재벌에 진입했었는데, 2000년 이후에 창업한 기업 중에는 기업 독자 노력으로 10대 재벌 안에 들어가는 경우는 아직 단 한 번도 없었다. 기껏해야 20대 그룹으로 발돋움할 정도이다. 이것은 지난 20여 년에 걸쳐서 기업가정신이 점점 약해졌다는 증거다.

지난 70~80년대에는 대기업의 성장드라마가 시청률도 높고 꽤 인기도 있었는데, 요즘에는 그러한 드라마가 거의 없다. 왜 이렇게 성공하는 기업의 이야기가 TV에서 보기 힘들어졌을까?

첫째, 재벌과 대기업에 대한 이미지가 나빠졌기 때문이다. 신문 기사에 도배하다시피 하는 재벌의 탈세와 정경 유착, 재벌가 자녀들의 추태, 편법 상속과 부정부패에 연루된 기업가들의 좋지 않은 소식들 때문에 시청자들이 기업 드라마를 외면했을 거다.

둘째, TV 방송이 지상파 방송 중심에서 종편 방송 중심으로 이동하며 다양한 볼거리와 흥미 위주의 프로그램 편성이 많아졌기 때문이기도 하다.

아무튼 이러저러한 이유로 기업가정신이 약해지다 보니 모험이나 도전을 회피하는 분위기가 우리 사회에 짙게 깔려 있다. 사업하는 사람들을 어떻게 도전과 모험, 창의적인 자세로 기업을 일구도록 격려해 줄 수 있을까? 기업가에 대한 편견을 불식하는 일부터 시작되어야 한다. 일부 기업가가 부패했다고 해서 기업가 전부가 부패했다고 오해하지 말아야 한다. 사업을 함에 있어서 우리나라는 이미 국제적인 수준으로 투명한 사회가 되어 대부분의 기업인은 세금을 성실히 납부하고 올바르게 살려고 발버둥 치고 있다는 것을 국민은 알아야 한다. 일자리 자체가 복지이고, 좋은 일자리가 최선의 복지이다.

전 세계적으로 4차 산업혁명이 한창인 요즘, 국민의 역량을 한곳으로 모으는 일은 국익에 직결된다. 태양으로부터 오는 열에너지가 볼록렌즈를 통해서 1개의 초점으로 모아져서 검은색 종이를 태우듯이, 여기저기에 흩어져 있는 국민의 관심을 '생산성 향상과 혁신'이라는 하나의 초점으로 모으면 국민의 삶이 보다 풍요롭게 될 것은 자명하다. 언론은 여론을 조성하여 이끌고 나아갈 힘이 있다. 언론이 우리나라의 밝은 미래를 위해 가장 관심을 두어야 할 부분은 기업가정신을 장려하는 사회적인 분위기를 조성하는 것이다.

　신문과 TV 언론에서 4차 산업혁명에 걸맞은 기업 영웅들을 발굴하여 그들의 업적에 박수 쳐주고, 그들이 국민의 삶을 향상시킨 데 대한 마땅한 상을 주고, 기업의 성장 과정에서의 뒷이야기를 발굴하여 국민에게 감동을 선사하기를 바란다. 기업 영웅들은 국민의 사랑을 먹으며 자란다. 그 결과로 그들이 좋은 일자리를 만들어 내어 이 사회를 풍요롭게 한다. 기업 영웅들의 삶을 다룬 드라마, 영화, 다큐멘터리, 자서전들이 전 국민의 의욕을 다시 불러일으키는 자극제가 될 수 있다.

　기업가정신을 고취하고, 이름도 없이 빛도 없이 기업의 생산 현장에서 묵묵히 수고하는 분들을 발굴하여 격려하는 사회의 분위기가 필요하다. 각 방송국의 종합편성채널에서 산업현장에서 일어나는 역경과 그것을 극복하는 성공 스토리를 발굴하여 국민에게 자주 보여주자. 이 시대는 영웅이 절대적으로 필요한 시기다. 그러한 영웅들을 발굴하여 그들의 삶을 국민에게 보여주어야 한다. 한국전쟁 후의 잿더미에서 딛고 일어나 지금처럼 잘살게 되는 동안 훌륭한 인적 자산들이 여기저기에 널려 있다. 언론이 그분들의 삶을 조명하여 기업가정신이 살아 있는 나라로 만드는 데 앞장설 때 우리나라는 더욱 번창할 수 있다.

　기업가정신의 사전적인 정의는 '혁신과 창의성을 바탕으로 한 활동을 통해 기업을 성장시키려는 도전 정신'이다. 미국의 경제학자 슘페

터는 기업가정신을 '사업에서 야기될 수 있는 위험을 부담하고 어려운 환경을 헤쳐 나가면서 기업을 키우려는 뚜렷한 의지'라고 하는데 풀어서 설명하면, 자신의 고객을 위해 상품을 준비할 때 저가격과 단납기, 다양한 상품 구성, 품절의 염려 없는 공급체계를 구축하면. 아주 적은 마진이라도 사업에서 성공할 수 있고 경쟁자와 싸워 이길 수 있다는 불타는 의지를 가지고 위험을 무릅쓰는 행동이라고 말할 수 있다.

기업가정신에는 어려운 여건에서도 사업을 이끌어 가려는 도전 정신과 불타는 의지가 반드시 포함된다. 이것이 없으면 사업하다가 부닥치는 벽을 넘지 못하고 좌절하고 만다. 우리나라에서 사업에 크게 성공했던 기업가들의 기업가정신을 살펴보자.

유한양행 유일한 박사

우리나라 기업가 중에서 가장 존경받을 사람이 누구인가, 라는 설문조사에서 항상 제일 먼저 뽑히는 사람이 유한양행을 창업한 유일한 박사(1895~1971)이다. 그는 평양 출생으로 그의 부친은 평양에서 잡화상과 양잠업을 했었다. 가족 모두 독실한 기독교 가정으로 그가 겨우 9살(1904년)에 미국인 선교사의 추천을 받아 미국 유학을 떠났다. 유학 이후에 부모의 사업이 어려워져서 학비 지원을 받지 못하게 되자 그는 중고등학교 내내 신문 배달과 구두닦이를 하며 학비를 벌어야 했다. 고교를 졸업하고도 대학 입학 등록금이 없어서 1년간 에디슨 연구소 산하의 발전소에서 근무하기도 했다. 그는 미시간대를 졸업하고 직장 한두 군데를 전전하다가 엉뚱하게도 숙주나물 장사를 시작했다. 미국에 있는 중국 사람들의 주식이 만두였는데 만두에 들어가는 숙주나물이 시장에 부족하다는 것을 알아채고 곡창지대인 오하이오 주에서 대량으로 녹두를 사다가 숙주나물을 키워서 팔았는데 잘 팔렸다. 그런데 숙주나물은 금세 시들어서 보관이 어렵다 보니 보관 방법을 연구하다가 숙주나물을 통조림으로 만들어 파는 방법을 처음으로 시도해 날개 돋친 듯이 팔렸다. 사업에 크게 성공하던 중에도 유일한 박사의 머릿속에서 떠나지 않는 생각은 조국이 자기를 부르고 있다는 생각이었다. 그래서 그는 모든 것을 정리해서 고국으로 돌아왔다. 그는 국민이 약이 없어서 제대로 치료받지 못하는 것을 보고 유한양행을 설립하였고, 돈이 없어서 제대로 교육받지 못하는 가난한 학생들을 위해 유한공고를 설립했다. 그의 기업가정신은 애국이 그 바탕을 이룬다. 그는 기업이나 가정보다 항상 나라를 먼저 생각하고 국익을 위해서 사업을 했다.

이른바 '사업보국'이다. 그는 50년 동안 '좋은 상품의 생산', '정직한 납세', '기업 이윤의 사회 환원'을 유한양행의 기업 이념으로 삼았다. 그는 기업체는 창업자나 경영자의 것이 아니라 '기업이 속한 사회'의 것이라는 청지기 정신을 가진 기업가였다. 그가 항상 나라를 생각하는 사람으로 인격이 형성이 된 것은 미국에서의 성장 배경과 깊은 연관이 있다. 14세 소년 유일한은 독립운동가 박용만이 1910년에 미국 네브래스카 헤이스팅스에 세운 '한인 소년병학교'에 입학해서 군사 훈련과 함께 나라 사랑과 민족정신에 대해 교육받았다. 20대 청년 유일한은 1919년 4월에 서재필, 이승만이 주축이 되어 필라델피아에서

열린 '한인 자유대회'에 학생 대표로 참석하여 대의원 자격으로 결의문을 낭독했다. 미국에 있는 동안 서재필 박사와 자주 교류하며 서재필 박사를 존경하여 따랐는데 1926년에 한국으로 귀국하기 위해 작별 인사차 방문한 때에 서재필 박사는 자기 딸이 만든 거라며 버드나무 무늬의 목각 판화를 선물로 주었다고 한다. 유일한은 그 선물을 귀하게 여겼고, 그 판화 버드나무 문양을 유한양행의 상징으로 삼았다. 유일한 박사는 사업을 해나가면서 직원과 주위 사람들에게 '기업 성공의 비결'을 늘 강조하며 가르쳤다.

> "기업은 우선 좋은 물건을 값싸게 생산해야 하고, 고객이 원하는 상품이 무엇인지 알아내야 하며, 또 고객이 사고 싶도록 새로운 물품을 생산해야 한다. 기업인은 수요를 찾아다닐 뿐만 아니라 수요를 창조해야 한다. 수요를 창출하기 위해서는 항상 기술을 개발하여 새로운 제품을 생산하고, 또 눈은 항상 밖으로 돌려 남들이 무엇을 하고 있는지를 살펴야 한다."

새로운 아이디어가 기업을 성장시킨다고 늘 강조했다.
그의 기업가정신을 그의 어록으로 살펴보자.

> "국가, 교육, 기업, 가정 이 모든 것은 순위를 정하기가 매우 어려운 명제들이다. 그러나 나로 말하면 바로 국가, 교육, 기업, 가정의 순위가 된다."

"나라 사랑을 위해서는 목숨을 바칠 것을 신성한 말로 서약하여야 한다."

"어제는 하나의 꿈에 지나지 않으며, 내일은 하나의 환상일 뿐이다. 그러나 최선을 다한 오늘은 어제를 행복한 꿈으로 만들며, 모든 내일을 희망의 비전으로 바꾸어 놓는다."

"사람은 죽으면서 돈을 남기고 또 명성을 남기기도 한다. 그러나 가장 값진 것은 사회를 위해서 남기는 그 무엇이다."

"기업에서 얻은 이익은 그 기업을 키워준 사회에 환원하여야 한다."

"기업체의 주인은 사회이고 기업가는 그들의 재산을 맡아 관리하는 것뿐이다."

"기업은 사회의 이익 증진을 위해 존재하는 기구이다."

"연마된 기술자와 훈련된 사원은 기업의 최대 자본이다."

"기업은 물건으로 성장하는 것이 아니다. 아이디어, 이것이 기업에 성장을 가져오게 하는 것이다."

현대그룹 정주영 회장

"시련은 있어도 실패는 없다."고 주장한 현대그룹의 정주영 회장은 1955년 대구 근처의 고령교 공사에서 정부와의 계약금액이 당시의 시가로 5,478만 환짜리의 공사를 6,500여만 환을 들여서 마쳤다. 은행에서 빌려 쓰던 돈의 이자는 월 18%였고, 공사 기간에 자갯값은 폭등했다. 기간의 수주 공사니까 인플레를 계산하여 공정별로 계약했어야 했는데 그것도 모르고 공사 전체를 일괄 계약하는 바람에 큰 손해를 봤다.

엄청난 적자로 현대건설이 망한다는 소문이 나돌 정도였지만 정작 본인은 '나는 살아 있고 건강한 나한테는 시련이 있을지언정 실패는 없다'고 생각했다. 엄청난 적자를 감수하고서라도 그 공사를 완공한 덕분에 현대건설이 신용 있는 업체로 평가를 받아 그 이후 정부 공사의 낙찰이 아주 쉬워졌다.

정주영 회장이 현대상사 일본지점장에게 일본에 한국 배를 팔라고 지시한 적이 있었다. 지점장이 기가 차서 "회장님, 일본은 해운 왕국입니다. 그리고 조선 왕국입니다."라고 했더니 정 회장이 "너, 해봤어?"라고 반문했다.

불가능은 없다는 도전 정신에 대해 정주영 회장은 이렇게 말했다.

"무슨 일이든 할 수 있다고 생각하는 사람이 해내는 법이다. 의

심하면 의심하는 만큼밖에 하지 못하고, 할 수 없다고 생각하면 할 수 없는 것이다."

정 회장의 별명이 '생각하는 불도저'이다. 그냥 할 수 있다고 생각하고 막무가내로 밀어붙이는 것이 아니라 방법을 생각하면서 동시에 마구 지시하니까 어설프게 대답했다가는 혼쭐이 난다. 주도면밀하게 끝없이 생각하면서 해결책과 방법을 고민하는 그는 실용적 상상력의 대가야. 현대건설이 서산만 간척사업을 하고 있을 무렵에 방조제 공사의 총길이는 6,400미터였다. 양쪽의 육지에서 방조제를 쌓아오던 중 가운데 270미터를 남겨놓고 공사가 중단되었다. 조수간만의 차이가 10미터에 이르는 서해안의 밀물이 들어오면서 270미터의 구간을 지날 때의 물살의 속도가 초속 8미터 정도가 되었기 때문에 승용차 크기의 거대한 바윗덩어리를 던져 넣어도 급물살에 쓸려 가버렸다.

"철사로 돌망태를 엮어 30톤 트럭으로 계속 실어 부어도 바로 유실되어 버립니다."라는 현장 감독의 보고를 받은 정 회장은 "고철로 팔기 위해서 사 온 유조선 있지? 그걸 당장 서산 앞바다로 끌고 와." 하고 소리쳤다.

정 회장의 지시에 따라 332미터 길이의 폐유조선이 울산에서 서산으로 옮겨졌다. 정 회장의 상상력을 실현하기 위한 첫 과제는 멀리 바다 위에 있는 폐유조선을 끌고 와 방조제에 접안시키는 일이었다. 거친 물살을 이겨내며 겨우 접안에 성공했으나 배와 제방 사이에 20미터 정도 틈이 생겨 그 사이로 거친 급류가 흘러 들어왔다. 그러자 유조선이 밀물에 의해 밀려나기 시작했다.

정 회장은 폐유조선 탱크에 물을 가득 채우게 해서 그 배를 가라앉혀서 급류를 막게 되었고 마침내 '정주영식의 유조선에 의한 물막이 공법'이 탄생하는 순간이었다. 이 공사가 성공하면서 현대건설은 290억 원의 공사비를 절감할 수 있었다. 그 이후에 전 세계에서 '정주영 공법'으로 이름 붙여진 물막이의 공법으로 물막이 공사를 쉽게 하는 길이 열리게 되었다. 이처럼 끝없는 도전 정신과 실용적인 상상력은 정주영 회장의 기업가 정신의 핵심이다.

현대중공업의 초기 선박 영업은 정주영 회장이 직접 앞장서서 했다. 1980년에 이르러 이라크가 쿠웨이트를 침공하면서 몰고 온 석유 파동으로 세계 경제가 크게 위축되었다. 현대중공업 입장에서는 큰 배 작은 배 가릴 것 없이 수주를 해야 배를 건조할 독(Dock)을 놀리지 않을 수 있는 다급한 상황에서 아랍연합 해운(UASC)의 컨테이너선 입찰에 참가 하게 되었다. 일본의 7대 조선사를 포함해서 세계에서 20여 개의 조선사가 입찰에 참가하여 경쟁했는데 최종경합에서 일본의 IHI 조선소를 물리치고 1회 계약 금액으로 무려 4억 달러라는 당시 최고를 기록했다. 수주가 확정된 후에 당시 선박영업 팀장이었던 음용기 전무는 사장단 회의에서 정주영 회장에게 보고하기를, "이번 선박 수주는 한 건에 모두 4억 불이나 됩니다. 이는 전무후무한 금액입니다."라고 했다가 말이 끝나자마자 회의장에서 킥킥거리는 소리가

들려오고 정 회장도 웃으면서, "이 사람아, 앞으로 그 이상의 계약은 하지 말라는 거야 뭐야. 후무가 무슨 놈의 후무야?"라고 했다.

음용기 전무는 조선 경기가 전반적으로 침체를 겪고 있던 마당에 모처럼 커다란 금액의 수주에 한껏 들뜬 탓에 나온 실언이었지만 기분 좋은 장면이었다고 회고한다.

대개 선주들은 조선소에 선박을 발주하여 만든 다음에 자기가 쓰든지 아니면 다른 해운사로 배를 빌려주고 용선료를 받는 사업을 한다. 선박 발주하면서 값을 깎기로 소문난 어떤 해운회사의 회장과 계약서명을 위해서 정 회장은 마지못해 홍콩으로 출장을 가게 되었다. 배의 주문을 받는 입장에서 고정비용까지 삭감한, 이른바 이익 없는 '살아남기 위한 정책적인 가격'을 제시해서 수주계약이 실무자의 협상으로 이미 끝난 것인데, 발주처 회장은 현대의 정 회장을 홍콩으로 불러내서 계약서에 서명하자고 요청했다. 얼마라도 더 깎아보려는 속셈을 잘 알고 있던 정 회장은 속이 무척 상했다. 정 회장은 홍콩으로 출장 가면서 김남조 시인의 수필집을 챙겨 갔는데 아마도 편하지 않은 마음을 다스리려 비행기 안과 호텔 방에서 읽었을 거다. 계약을 마친 다음 날 이른 아침에 호텔 방에서 김남조 시인에게 감사 편지를 쓰는 정 회장의 모습을 보게 된 당시 황성혁 전무는 그 장면이 감동적인 풍경이었고 문득 김남조 시인이 부러워졌다고 회고한다.

사업의 중요한 결정을 최종적으로 혼자 해야 하는 최고경영자는 항상 외롭다. 그 어려움을 부하 직원들과 나눌 수도 없고, 그 외로움을 누구에게 털어놓을 수도 없다. 호황일 때는 돈 벌기 위해 일감을 수주하지만, 불황일 때는 배를 건조하는 작업장을 놀리지 않고 직원들에게 월급을 주기 위해 어쩔 수 없이 손해를 감수하면서까지 일감을 수주할 수밖에 없다. 고정비용이 큰 장치산업인 선박 제조회사에 있어서 영업 책임자의 고충이다. 손해를 감수하면서까지 일감을 수주할 수밖에 없는 최고경영자의 고통을 누가 알까. 그래서 고객과의 가격 흥정도 중요하지만, 제때 일감을 확보하는 것이 더 중요하다는 정 회장의 지론은 승부사로서 기업가정신으로 마음속에 깊이 새겨두어야 할 교훈이다.

삼성그룹 이병철 회장

"우리 기술로 독자 개발한 반도체로 세계를 제패하라!" 이 말이 이병철 회장의 사업상의 유언이다. 1987년 10월 어느 날 아침에 "우리나라 반도체는 전부 다 일본 것을 베꼈다."는 조간신문 기사를 읽은 이 회장은 대로하여 그길로 기흥 공장에 와서 당시 이윤우 공장장과 진대제 반도체 개발 팀장에게 직접 명령했다.

> "우리가 일본 것을 베꼈다는 게 사실인가? 내가 기껏 남의 거 베끼려고 평생을 건 반도체 사업을 시작한 줄 아나? 영국은 증기기관 하나를 개발해서 세계를 제패했다! 우리 반도체도 그런 역할을 하라고 시작한 것 아닌가?"

이 회장의 호통에 "반드시 16M D램을 독자개발 해서 다시는 모방을 했다는 얘기가 안 나오도록 하겠습니다."라고 약속한 진대제 팀장은 그때의 이 회장과의 만남이 마지막 만남이 되었고 그때의 이 회장의 지시가 결국은 유언이 되었다고 회고했다. 이 일이 있은 지 한 달 뒤에 이 회장은 세상을 떠났다.

삼성의 이병철 회장은 73세의 나이에 이미 폐암 판정을 받은 몸을 이끌고 삼성이 나아갈 길과 한국이 발전시켜 나갈 산업에 대해 깊이 고민했다. 그는 국내외 수많은 전문가들을 만나서 반도체 사업에 대해 의견을 듣고 최신 자료를 공부하며 선진국의 수많은 산업현장을 시찰하여 결국 국가적인 과제가 '산업의 쌀'인 반도체를 개발하는 것이라는 결론에 도달했다. 1983년 3월 15일에 삼성이 반도체 개발에 진출할 것을 공식적으로 선언했다. 이후 그는 4년 동안 혼신의 힘을 다해 반도체 사업에 매진하다가 세상을 떠났다. 그가 남겨준 반도체 사업은 우리나라의 산업을 이끄는 대표적인 사업이 되었다. 1994년, 일본의 저명한 반도체 전문지인 《니케이 마이크로디바이스》는 특집 기사에서 "더 이상 한국 반도체는 일본의 모방이 아니다. 독자 기술로 개발된 한국의 반도체는 모든 면에서 일본 것을 앞선다."는 내용을 밝혔다.

삼성은 신사업을 선택할 때 항상 세 가지 기준을 가지고 정했다.

첫째로, 국가가 필요로 하는 것이 무엇인가?

둘째로, 국민이 이해해 주겠는가?

셋째로, 세계 시장에서 경쟁할 수 있겠는가?

위의 세 가지 삼성의 신사업 선택 기준을 기업가정신과 관련지어 보면, '국가가 필요로 하는 것'은 자기 고객을 위한 상품 준비를 말하는 것으로 기업의 존재 이유를 말한다. 삼성은 '삼성상회'로 국제 무역으로 출발했다. 1940~1950년대에는 일제 시대와 해방과 한국동란으로 혼란하던 시기였기 때문에 국내에 제대로 된 제조 산업이 형성되어 있지 않았다. 물자가 절대적으로 부족한 시절이어서 해외에서 수입해 쓰던 시절이었으므로 국제 무역을 통해 수입한 상품을 국내에 파는 일이 '삼성 상회'의 주된 업무였다. 한국동란이 끝나고 나서는 이제 국내에 제조 시설들이 설치되어 산업이 발달할 것으로 내다본 이병철 회장은 무역업에서 번 돈을 제조업에 투자하기로 결단했다. 제일제당(1953년 4월)과 제일모직(1954년 9월)을 설립하여 국민의 필요(설탕과 의복)에 신속하게 대응해서 삼성은 성장 가도를 달리게 되었다. 비료와 가전, 중화학 공업에 차례로 진출하여 시장의 필요에 적절하게 대응해 나간 것이 회사 성장의 견인차가 되었다. 결국 자신의 고객을 위해 상품을 저가격과 단 납기, 다양한 상품 구성, 품절의 염려 없는 공급 체계를 구축하여 신속하게 대응해 간 것이 삼성의 성공 요인인데 이것은 기업가정신을 그대로 사업에 적용한 것으로 삼성의 신사업 선택의 세 가지 기준 그 자체가 이병철 회장의 기업가정신이라고 말할 수 있다.

이병철 회장은 1968년에 가전 사업에 진출을 준비하면서 도쿄에 있는 산요 전기회사를 방문하게 되었는데 대지 규모만 40만 평으로, 그 규모에 놀랐다. 하지만 신규 사업 참여 원칙에 따라서 가전 사업은 국가에서 필요로 하고 세계 시장에서 경쟁할 수 있는 규모로 사업 초기부터 준비해야겠다고 마음먹고 기흥에 45만 평의 대지를 사들였다. 그렇다면 산요전기보다 1만 평이라도 더 크게 짓자는 생각에 공장부지를 준비했다. 이처럼 이병철 회장이 사업 초기부터 가전제품 생산의 85%는 수출하고 15%만 국내에 팔기로 경영 방침을 정하는 등 미래를 내다본 진취적인 기업가정신이 오늘날의 삼성이 있게 된 배경이기도 하다.

특히 신사업 선택 기준에서 이병철 회장의 '세계 시장에서 경쟁할 수 있겠는가?'가 얼마나 탁월한 전략이며 동시에 훌륭한 기업가정신인지 금방 알 수 있다. 대부분의 사업가는 신규 사업을 시작하면서 사업의 성공 가능성을 빨리 확인하고 싶어 한다. 그래서 사업 초기에는 소자본을 투입하여 진행하다가 가능성이 보이면 자본을 더 투입해서 확장한다. 처음에는 자기 사업소재지가 있는 지역에서 성공을 거두고 나서 서서히 전국적으로 성장해 가는 것을 기대한다. 어쩌면 이것이 바람직한 사업 운영의 자세일지도 모르지만 이러한 태도는 사업이 성장하는 데 한계를 가지게 되며 지역이나 국내에만 머무르는 중소기업으로서의 작은 성공에 그칠 수밖에 없다. 게다가 세계 시장을 염두에 두지 않는 사업 계획은 세계 시장에 내다 파는 경쟁업체에 밀릴 수밖에 없다.

다시 말해서 국내의 한 지역에서만 사업을 성공하는 것을 목표로 하면 세계 시장에 내다 파는 경쟁업체에 원가 경쟁력과 규모의 경제에서 밀릴 수밖에 없다. 결국에는 국내시장에서도 성공할 수 없는 위험한 처지로 몰리게 된다.

삼성의 '세계 시장에서 경쟁할 수 있겠는가?'라는 자문자답이 오늘날 국가대표 기업이 된 비결이다. 국내시장은 크게 중요하게 생각하지 않고 항상 세계 시장에서 경쟁에서 이기려고 이병철 회장 이하 모든 임직원이 생각하며 일하는 동안 정말 세계 제일의 회사가 되는 길로 들어서게 되었다. "용장 밑에 약졸 없다."라는 말처럼 기업가의 탁월한 기업가정신이 임직원과 협력업체와 관계된 모든 이들을 살린다. 1987년 11월 중순 어느 날 이병철 회장은 세상을 떠나기 며칠 전에 자신의 죽음을 직감하고 골프장에서 함께 골프를 치던 회사의 가까운 지인들에게 이와 같은 유언을 남겼다고 한다.

> "이것으로 된 것이다. 이 세상에 와서 내가 해야 할 내 몫은 다 한 거야. 나머지는 남은 사람들의 몫이야. 나는 그들에게 꿈을 남겨주고 가고 싶어. 이병철 내 이름 석 자는 잊혀져도 괜찮아. 다만 세상에 내 꿈이 남아 기억될 수 있다면 그것으로 된 거야!"[*]

....

[*] 《너의 이름보다는 너의 꿈을 남겨라》. 박은몽. 명진출판사. 239p.

동원그룹 김재철 회장

"천재성은 평범한 정신력이 우연찮게 특정한 방향으로 움직이
도록 고정된 마음이다."

18세기 영국의 문호 새뮤얼 존슨의 명언이다. 자신이 가진 모든 에너지를 분산시키지 않고 특정한 방향에 집중시킨 사람이 동원그룹의 김재철 회장이다. 그는 24세 때 무급 실습 항해사로 시작했으나 본인의 결정에 최선을 다하다 보니 길이 열린 기업가다. 그는 28세의 젊은 나이에 선장을 시작한 이후로 항상 항해일지를 기록하며 노하우를 축적하여 원양어업에 있어서 그보다 뛰어난 전문가는 없을 정도였다. 그는 기록의 달인이었다. 관찰을 통해서 배운 교훈들을 놓치지 않고 기록하고 그것을 즉시 원양어업 현장에 적용했다. 김재철 회장(당시 광명호 선단장)과 함께 근무하며 그의 일거수일투족을 낱낱이 지켜보았던 당시 일등 항해사였던 신성택 씨는 아래와 같이 증언한다.

"그분은 일본의 고기 잘 잡는 배를 철두철미하게 연구했습니다. 일본 배가 바다에 놓은 낚싯줄이 거의 80킬로미터 정도 되었습니다. 그러면 그쪽 배가 보이지 않는 먼 곳에서 주낙을 살짝 걷어 그물 사이즈를 측정해서 우리와 차이를 비교했습니다. 여기서 배운 것을 그대로 적용하면 빠른 시간 안에 일본 배에 준하는 어획고를 올릴 수 있었습니다. 뿐만 아니라 그 분은 '피시 파인더'라 불리는 음파탐지기를 계속 틀어놓고 어군의 움직임을 체계적으로 파악하고 수온과 플랑크톤을 측정해

서 더 나은 어획고를 올리기 위한 종합적인 처방을 마련했습니다. 또 자신이 익힌 효과적인 어구와 어법을 집요할 정도로 선원들에게 반복적으로 교육시켰습니다.

1967년 6월 4일~7월 6일
돌고래와 상어 때문에 인도양 남단으로 이동해서
6월 4일부터 조업시작[*]

(…) 연달아 고기 떼를 뒤쫓던 우리는 7월 1일엔 남위 33도 동경 38도에 이르렀다. 이제 아프리카 대륙까진 불과 400마일 남짓할 때까지 왔다. 한국과는 7,000여 마일의 거리다. 그동안에 우리는 매일 적으면 하루 1톤에서 많으면 5톤까지 평균 3톤 가까운 어획을 계속하여 배의 짐이 웬만큼 찼을 무렵, 경계하던 폭풍을 만났다.

아침부터 갈매기 떼들의 어수선한 날음이 악천후의 심상치 않음을 알리는 것 같더니 기압은 급강하하고 바람은 시간시간 그 위세를 더해왔다. 995밀리바의 저기압 중심이 불과 수십 마일 남쪽을 통과하고 있기 때문이다. 바람이 강풍에서 폭풍으로 바뀌자, 무전 안테나는 더욱 쐑쐑이 소리를 내어 울부짖고 해면은 완전히 산악의 형태로 변했다. 브리지 갑판에서

....
[*] 《김재철 평전 : 파도를 헤쳐온 삶과 사업 이야기》. 공병호. 21세기북스. 645~647p.

는 무엇인가를 붙잡지 않으면 사람까지 날아갈 정도로 바람은 거세어지고 모든 것을 한꺼번에 삼켜버릴 듯한 산더미 같은 파도는 머리에 하얀 거품을 인 채 곤두박질쳐 온다.

엄청난 위세로 밀려들던 파도가 와지끈 하고 배에 부딪치면 배는 파도 위로 버쩍 추켜올려졌다가 다음 순간 파곡(波谷, 물결의 가장 낮은 위치)을 향해 한참을 내려앉는다. 그런가 하면 또 다음 파도가 거품을 날리며 절벽처럼 다가서 있다. 쑥 추켜올려졌다가 뚝 떨어지고 그러다가 어떻게 배가 파도를 넘어서는 주기가 잘 맞지 않을 때면 배는 그대로 파두(波頭, 물마루, 높이 솟은 물의 고비)를 뚫고 물속을 꿴다.

시커먼 물덩이가 선수를 뒤덮는가 하면 순간 브리지까지 캄캄해질 정도로 배는 한바탕 폭포를 둘러쓴다. 갑판 위의 선원들은 무언가를 빨리 붙잡지 않으면 안 된다. 그러나 그럴 땐 대개 배도 함께 기울기 때문에 사람과 고기가 갑판 위에 함께 나뒹굴기도 한다. 그럴 때마다 브리지에서는 재빨리 갑판 위의 사람 수를 헤아린다. 물에 휩쓸려간 사람이 없나 해서다. 실내는 실내대로 엉망이 되어 있다. 서랍은 열쇠를 잠그고 의자는 붙들어 매두었지만 책꽂이의 책이며, 기타 온갖 것이 쏟아져서 실내가 그득할 정도로 어질러져 있다.

그러나 많은 어구를 바닷속에 두어둔 채 피항을 할 수도 없고

해서 무리하며 대파(大波) 속에서 조심조심 주낙을 올리는 일을 계속했다. 배의 짐이 만선 가까울 정도로 차 있어서 유달리 조심이 된다. 선박의 왕래가 많지 않은 곳이라 기상예보가 정확하지 못해서 이따금 의외의 시련을 겪는다. 그런데 일반적으로 파도가 치는 날이 어획 성적이 좋을 때가 있다. 연안 정치망에서도 태풍 전후에 대어가 있듯, 연승어업에서도 가끔 저기압 전후에 대어를 낚는다. 그래서 지금까지 저기압이 올 때도 작업을 계속해 왔다.

그러나 이번은 좀 심한 것 같다. 저녁 석양녘에 풍운은 최고에 달했으며 파도는 더욱 높아졌으므로 양승 속력을 늦추고 미속으로 파도를 받았다. 배가 기울 때면 솥의 물이 쏟아져 버리므로 밥도 짓지 못하고 저녁을 대용식으로 마쳤다. 밤이 깊어지면서 차차 바람이 약해지므로 피치를 올려 작업을 계속했더니 새벽 4시경에 겨우 양승(揚繩)을 완료했다. (…)

근처에 조업 중인 10호와 같이 어장을 옮기기 위해 갔더니 파도가 어제보다는 많이 덜한 편인데도 배가 파곡(波谷)에 들면 불과 수십 미터 밖에서도 230톤의 배가 보이지 않을 정도로 파도는 높았다. 배가 파도 속에 떴다 잠겼다 하는 모습을 보니 새삼 우리의 처지가 가엾기도 하고 용감하기도 하다는 생각이 들었다. (…)

7월 6일 드디어 만선을 했다. (…) 한 마리 한 마리 올릴 때마다 가슴 졸이며 올린 고기가 7,000여 마리, 이젠 고기를 더 잡아도 실을 때가 없이 전 어장이 찼다. 고기 한 마리 한 마리에 전 선원의 희망이 어려 있고 황파(荒波)를 넘으며 간난신고(艱難辛苦) 속에 조업을 했기에 무사히 만선을 한 기쁨은 더욱 더한 바 있다. (…) 기실 배 생활을 입항하는 재미로 한다면 고기잡이는 만선(滿船)하는 재미로 한다 할 것이다. 별빛 아래에서 소주를 따라 자축연을 열면서 "바다로 가자 바다로 가자. 물결 굽실 뛰노는 바다로 가자" 하는 선원들의 합창소리가 소리 높여 메아리칠 때 선내의 분위기는 최고조에 달하고 60여 일간의 피곤은 일시에 분산하는 것 같다."

기업가정신은 어려움을 헤쳐가면서 기업을 키우려는 의지다. 창업 초기에는 창업자가 앞장서서 모든 일을 결정하고 이끌어 가지만, 회사가 회사가 커지면서 모든 일을 혼자 다 감당할 수 없게 된다. 결국에는 사내에 창업자와 같은 수준의 능력을 가진 인재가 있어서 함께 일을 분담해야 한다. '인재 양성'이 회사 성장의 필수적인 요소인데, 어떻게 창업자와 같은 기업가정신을 가진 인재를 양성할 것인가가 과제로 떠오른다. 이러한 면에서 김재철 회장은 본인이 기업가로 성장해 왔던 방식을 회사 직원들에게 똑같이 요구하고 있다.

본인이 일반 선원이던 시절 사모아에서 외국인들을 만나 대화할 때 화제의 빈곤으로 인해 30분 이상 이야기할 수 없는 자신을 발견하고는 '자신이 부족한 사람'이라는 각성과 그것을 극복해야겠다는 소박한 계기에서 시작된 독서가 자기 자신을 성장시켰다고 회고한다.

향상심이야말로 그가 삶과 사업에서 치열하게 추구해 왔던 핵심가치였다. 그는 더 나아지기 위해서 책을 읽었고, 그 결과 현장에 적용할 수 있는 아이디어들이 샘물처럼 솟아나고, 생각하는 힘이 커지고 시대의 흐름을 읽거나 미래를 내다보는 통찰력이 생기는 것을 느꼈기 때문이다. 그가 20대 중반의 젊은 나이로 바다를 개척하면서 10년간이나 '선상 일기'를 쓰면서 글쓰기가 생각을 체계적으로 정리해 주는 효과가 있다는 것도 알게 되었다. 이처럼 그는 읽기와 쓰기가 생각하는 인재를 만드는 무기라고 생각해서 회사에서 직원들의 독후감 제출을 의무화하고 논문을 제출하도록 하여 시상하는 등 인재개발을 회사 성장의 밑바탕으로 여겨 회사를 키워왔다.

한진그룹 조중훈 회장

한진그룹의 창업자 조중훈 회장은 "뜻이 있는 곳에 길이 있다."를 실천한 분이다. 육지와 하늘과 바다의 길을 개척해 온 한진그룹은 수송이라는 전문 영역을 사업으로 성공시킨 특이한 회사이다.

한진그룹의 사훈은
- 창의(創意)와 신념(信念)
- 성의(誠意)와 실천(實踐)
- 책임(責任)과 봉사(奉仕)

이 사훈은 말 그대로 기업가정신의 핵심 요소를 전부 포함한 것이다.

'기업가정신'의 정의는 "혁신과 창의성을 바탕으로 한 활동을 통해 기업을 성장시키려는 도전 정신"인데 미국의 경제학자 슘페터는 이것을 "사업에서 야기될 수 있는 위험을 부담하고 어려운 환경을 헤쳐 나가면서 기업을 키우려는 뚜렷한 의지"라고 풀어서 설명했다. 조중훈 회장의 기업가정신을 그의 자서전을 통해서 살펴보자.

> "역사의 주인공은 남이 만들어 준 편안함 속에서 안주하며 무사안일하게 평생을 보낸 사람들이 아니다. 갖은 어려움을 이겨내거나, 남다른 신념으로 스스로 기회를 만들고 가치 있는 일을 창조하면서 이 세상에 도움이 되는 업적을 남긴 사람들인 것이다. (…)
>
> 나는 남이 터를 닦아 놓은 곳에 뛰어들어서 경쟁을 벌이기보다 내가 사업 기회라고 생각한 일에 남보다 앞서서 가려고 노력했다. 잘 알지도 못하면서 남이 개척해서 기반을 닦아 놓은 사업에 무모하게 뛰어드는 것이야말로 불필요한 경쟁만 유발하고 결국에는 실패하고 마는 사례를 관찰하며 얻은 결론이다. (…)
>
> 이런 일도 있었다. 동네 주민 한 사람이 내가 재벌이라고 전기를 아끼지 않고 밤새 집에 불을 켜둔다며 관할 동사무소에 진

정을 하였다. 사실 나는 새벽 4시에 불을 켰으나 새벽 4시가 넘어 일어난 사람에게는 밤새 불을 켜둔 것으로 여겨진 때문이었다. 나는 하루 6시간 이상을 잠을 자지 않고, 독서나 여행도 사업과 관계가 없는 것은 별로 해본 적이 없을 정도로 기업의 발전에 온 정력을 쏟아왔다. 나는 기업은 사람이 하는 것임을 늘 생각하고 있다. 기업은 인간의 두뇌, 인간의 능력에 의해 그 성패가 결정된다고 믿는다. 그렇기 때문에 나는 앞을 내다볼 줄 아는 지혜와 때를 맞추는 타임 디자인에 항상 관심을 쏟아 왔다."[*]

조중훈회장의 경영철학 두 가지

"지면서 이기는 것, 되로 주고 말로 받는 것이 사업이다." 투자도 없이 이익만을 바라는 것은 사업이라기보다 도박이나 투기에 가깝다. 또한 항상 이기기만 바라는 것 또한 겸손하지 못한 오만이다. 그는 고객에게 먼저 진심 어린 서비스를 제공하고 이기는 것, 이익은 나중에 생각하는 것이 기업가의 자세라고 생각했다. 단기간에 잠재 고객으로부터 이익 얻을 것을 기대하지 않고 정성을 베푸는 자세를 꾸준히 유지하는 것이 고객으로부터 신뢰와 신용을 얻는 계기가 되었다. 미군이 부두에서 부대까지 직접 수송하던 캔맥주를 시험적으로 대리 수송해 볼 기회를 만들었다. 본격적인 용역 계약이 아니었지만 어찌하였

....
[*] 《내가 걸어온 길》. 조중훈. 나남. 24p, 31p, 84p.

든 미군 부대를 출입할 수 있게 되었고 이 일을 통해서 미군 수송 장교들과 교류 관계를 맺게 되었다. 여기에서 한 걸음 더 나아가 업무상으로 한 번이라도 알게 된 장교가 임기를 마치고 귀국할 때면 부암동에 있던 자택에 초대해서 성대하게 송별연을 베풀어 주었다. 접대하는 자리에서는 업무에 관한 사항을 절대 입에 올리지 않았다. 때로는 미국에서도 쉽지 않은 풀코스의 식사도 성심성의껏 대접하여 인간적으로 신뢰할 수 있는 관계를 맺고자 하였다. 당시에 한국의 주둔 장교들은 1년이나 2년 정도 근무하면 순환 배치 차원으로 귀국했는데 월남전 파병 관련 수송 사업을 상의하려고 조중훈 회장이 펜타곤에 방문해서 보니 예전에 한국에서 근무했던 장교들이 모두 승진해서 주요 직책에 있어서 베트남에서의 수송 계약을 맺는 데 커다란 도움이 되었다고 한다.

"**수요를 창출하는 고도의 비즈니스 전략과 타이밍을 놓치지 않는 결단력이다.**" 1940년 조중훈 회장이 21살 때에 일본우선사(日本郵船社) 소속 외항선에 근무하면서 중국 톈진과 상하이, 홍콩 등을 항해했던 적이 있었다. 상하이에서 아홉 달 넘게 머물면서 놀라운 경험을 했다. 어느 겨울날 조중훈은 몸을 녹이기 위해 유대인이 운영하는 카페에 들렀는데 마실 것을 주문하자 차와 함께 케이크가 담긴 접시를 내려놓아서 케이크는 주문하지 않았으니 가져가라고 했더니 케이크는 그냥 거기에 놓아두는 것이라며 먹은 만큼만 계산한다고 하였다.

견물생심(見物生心), 유대인은 그런 심리를 이용해서 케이크 조각을 비싸게 팔고 있었다.

"이 매력적인 장면은 조중훈이 장사에 관심을 갖게 하고 사업에의 꿈을 꾸게 한 계기가 되었다. 장사는 결국 손님의 심리를 꿰뚫어야 하는 게 아닌가, 케이크가 눈에 보이면 케이크에 손이 간다. 그것은 단순히 케이크를 하나 더 팔고 못 파는 문제가 아니다. 수요를 창출하는 고도의 비즈니스 전략이다. 물론 수요를 판단하는 것은 중요하다. 그것은 모두가 아는 상식이다. 상식을 뛰어넘어야 수요를 창출할 수 있다. 케이크를 주문하지 않는 것은 케이크를 원하지 않아서일 수도 있지만 눈앞에 케이크가 없기 때문일 수도 있다. 어떤 경우든 케이크를 테이블 위에 올려놓은 것은 밀져야 본전이다. 훗날 조중훈의 사업에서도 이런 수요 창출의 혜안이 돋보였다. 항공업에 뛰어들 때도 비행기를 탈 사람이 없기 때문에 항공사 인수는 시기상조라는 상식에 충실했다면 지금의 대한항공은 없었을지 모른다. 사람들이 비행기를 타지 않는 것은 비행기가 없기 때문일 수도 있다."[*]

실제로 조중훈은 1972년 9월 보잉 747 점보기를 도입하는 계약을 체결한다. 언뜻 보면 점보기에 태울 만큼 많은 승객이 없는 상황에서 막대한 자금을 빚내어 투자하는 것은 무모해 보일지도 모르지만 조중

---

[*] 《사업은 예술이다(정석 조중훈 이야기)》. 이임광. 청사록. 50p.

훈은 옛날 상하이의 카페의 탁자에서 보았던 케이크와 같이 **'눈에 보이면 손님이 있고 눈에 보이지 않으면 손님이 없는'** 것을 깨달았다.

지금에 와서 보면 조중훈의 선택이 옳았음을 우리는 알 수 있다. 만일 같은 노선으로 큰 비행기와 작은 비행기가 있다면 우리는 가능한 큰 비행기를 타고자 한다. 큰 비행기가 더 안전하다는 생각 때문이다. 조중훈은 늘 신규 항공노선을 개척할 때면 언제나 화물기를 먼저 띄우고 1년 후에 여객기를 띄웠다. 화물기 운영을 통해서 안정성을 확인하고 시장 상황을 충분히 파악하는 것을 원칙으로 삼았다. 다른 항공사에서는 보기 드문 일이다.

한진해운을 설립한 이후에는 조선 기술 서적들을 독파하다가 히타치 금속에서 '고장력강(高張力鋼)'을 개발했다는 소식을 알게 되었다. 인장력이 일반 강판보다 훨씬 강하기 때문에 이 강판으로 선체(船體)를 만들면 기존 강판보다 선체의 두께를 5밀리미터 정도 줄여도 같은 강도를 유지할 수 있게 된다. 이렇게 하면 그만큼 선체가 가벼워지므로 화물 적재량을 30%나 더 실을 수 있게 된다. 조중훈 회장은 고장력강판 사용조건으로 일본 히타치 조선에 발주하여 한진해운은 고장력 강판을 컨테이너선에 세계 최초로 적용한 해운사가 되었다. 신기술 적용에도 타이밍을 놓치지 않는 기업가정신과 결단력이 돋보이는 점이다. 신규 사업을 시작할 때마다 관련 기술 서적과 경영 사례를 탐독하며 올바른 판단의 재료로 삼는 자세야말로 한진그룹 혁신의 바탕이 되었다.

"그는 평생 부지런했다. 손에는 늘 새로 나온 책이 들려 있었고, 어린 시절 몸에 밴 독서 습관은 팔순까지 변함이 없었다. 평생을 하루같이 새벽 4시에 일어나 신문을 모두 읽은 다음 라디오로 국제뉴스를 듣고 새로 나온 책 한두 권을 속독하고 아침 7시 30분에 사무실로 출근했다. 조중훈의 독서경영은 이후 사내대학을 설립하고 정석. 인하학원 등 육영사업을 추진하는 밑거름이 되기도 하였다."[*]

한화그룹 김종희 회장

현암(玄岩) 김종희 회장은 특이한 인생의 이력을 가진 분이다. 직업도 화약 제조 및 판매라는 아주 생소한 업종의 일을 천직으로 여기고 살아갔던 사람이다. 1922년생으로 충남 천안에서 태어나 상업고등학교를 졸업하고 당시 일본인 경찰 간부이었던 고이케(小池)의 추천으로 '조선화약공판 주식회사'에 입사하게 되었다. 김종희는 워낙 자기 일에 충실해서 항상 주위 사람들의 신용을 얻었다. '조선화약공판회사'의 구매부에서 자재들을 발주하고 관리하는 일을 하면서 자신의 상사였던 '마쓰무로 노부오(松室信夫)' 이사의 전적인 신임을 얻었다.

우리가 인생을 살아가는 동안 주위의 여러 사람들로부터 도움을 받게 되는데 그중에 특히 일생의 중요한 기회에 결정적인 도움을 주는 사람을 우리는 '귀인(貴人)'이라고 부른다. '고이케'와 '마쓰무로'는 김종

---

[*] 《사업은 예술이다(정석 조중훈 이야기)》. 이임광. 청사록. 353p.

희에게 있어서는 귀인과 같은 존재이다. 김종희에게 '화약'이라는 업계에 발을 들어서게 해주고 길을 열어주었기 때문이다. 2차 세계대전에서 미국의 원자폭탄으로 일본이 패망하였고 한국이 해방되던 1945년 8월에도 김종희는 공장장이던 마쓰무로의 추천에 의해 젊은 나이에도 불구하고 '조선화약공판'의 자산을 인계받는 한국인 지배인으로 선임된다. 당시에 '조선화약공판'에는 김종희보다 나이도 많고 경력도 오래된 한국 사람들도 여럿 있었으나 일본인 경영진들은 업무 인수인계 책임자로 23살의 김종희 계장을 지배인으로 선임한다. 이일을 계기로 김종희는 화약을 제조 개발하는 국가 기간산업을 자신의 사명으로 받아들인다.

'마쓰무로'는 김종희에게 "우리 일본인이 한국을 떠나더라도 너라도 화약 업계에 남아서 한국을 위해서 일해달라."고 부탁했다는 것이 신기하게 느껴진다. 국가 근대화에 성공했던 나라들은 모두 화약 산업의 뒷받침이 있었다는 것이 역사적인 사실이라며 한국의 산업이 앞으로 발전하려면 화약 산업이 그것을 지탱해야 한다고 '마쓰무로'는 김종희를 강하게 설득했다. '마쓰무로'뿐만이 아니라 김종희의 친형도, 또 주위의 지인들, 선배들도 모두 마쓰무로처럼 김종희에게 화약 업계에 남아서 일해달라고 부탁했다고 하니 '화약'이 김종희를 이끌어간 격이다. 김종희는 주위의 모든 사람이 자기에게 부탁하는 자신의 진로를 진지하게 받아들였다. '그렇다! 명예는 얻지 못할지 모른다. 빛나지 않을지도 모른다. 그러나 나는 해방된 조국의 화약계를 지키는 등대수가 되는 거다!'

해방 후에 미군정이 들어서서 미군 사령부의 감독을 받는 '한국화약 공판'은 전국의 31개의 화약고를 관리하는 국내 유일의 화약 제조 및 유통회사가 되었다. 그런데 6.25 동란에 인천 고잔동에 있는 한국화약 공판이 폭격으로 쑥대밭이 되었고 이것을 복구하는 데에는 천문학적인 비용이 들게 되었는데 당시 이승만 정부는 이곳을 민간에 매각하기로 결정했다. 상공부 장관으로부터 인수 제안을 받은 김종희는 정부의 평가금액대로 수의계약으로 인수한다. 시세보다는 비쌌지만 화약의 국산화를 조속히 실현해야 한다는 명분에 먼 장래를 내다보고 인수하였다. 40만 5,000평의 인천 남동구 고잔동의 개펄을 23억 4,568만 원으로 15년 분할 상환 조건으로 인수하였다. 소래포구 인근에 있는 이곳은 현재 한화 아파트 단지로 변모되어 있다.

'사업보국(事業報國)'의 일념으로 화약 사업에만 매진

화약을 만드는 원료들을 확보하기 위해서는 주로 미국이나 일본으로부터 수입한다. 전후(戰後) 1950년대 후반에는 복구 사업과 민생물자가 절대적으로 부족한 시절이라 수입 생필품은 대부분 수입 물자 하역 항구에서 날개 돋친 듯이 팔려나가서 수입상들이 몇 배의 이익을 내던 시절이었다. 김종희의 주변에서도 일반 생필품을 수입해서 팔자는 제안을 많이 했지만 김종희는 그러한 제안을 일거에 묵살하고 오로지 화약 원료와 제조설비를 수입하는 일에만 매달렸다. 단지 돈을 벌기 위해서만 사업을 하는 것이 아닌 국가의 기간산업을 지탱하는 것 그것이 김종희의 일이었다. 재건과 복구 사업이 확대되며 광산 개발과 토목공사들이 늘어나면서 한국화약도 거기에 따른 산업용 화약인 다이너마이트 판매도 매년 증가했다. 그는 국내에 판매되는 화약 가격이 일본에서 판매되는 가격보다 비싸서는 안 된다고 생각했다. 판매 담당 임원이 판매가를 20% 더 올려야 한다고 결재요청을 할 때에도 아래와 같이 말하며 거절했다.

> "우리가 만들어 내는 화약값을 일본보다 비싸게 받아서는 안 돼! 알아들어? 여봐! 난 돈 더 벌고 싶은 욕심이 없는 줄 알어? 하지만 욕심도 부릴 데 가서 부려야 하는 거여. 아, 대한민국 정부가 이 김종희 이뻐서 돈 벌라고 산업은행 돈 싼 이자로 융자해 줘 가면서 인천공장을 복구시킨 거여?"[*]

1957년에 다이너마이트 국산화에 성공한 한국화약은 화약 수입에 쓰던 귀중한 외화를 아낄 수 있었다.

독점기업이 빠지기 쉬운 폐단을 스스로 경계

당시에 한국화약은 독점기업이었다. 독점기업들이 늘 범하기 쉬운 세 가지 폐단은 가격 횡포, 수급 파동, 서비스 부재이다. 김종희는 이와 같은 폐단에 빠지는 것을 스스로 경계하기 위해서 3대 영업방침을 정해놓고 지켜왔다. 적정가격 유지, 무제한 공급, 철저한 서비스이다.

국내 화약 판매 가격이 어떤 이유로든지 국제 가격보다 비싸서는 안 된다. 최소한 일본의 시판 가격보다는 싸야 한다. 화약 공급 과정

---

[*] 《김종희–실록기업소설 한국화약 창업비화》. 전범성. 서문당. 1988. 262p.

에서 어떤 경우에도 품절, 품귀현상이 발생하면 안 된다. 그러기 위해서 항상 늘어나는 수요에 대비해서 주요 원료를 비축하고 생산시설을 여유 있게 증설·확충해야 한다. 화약이 필요한 현장에는 주문량이 많고 적음을 떠나 전국 어디에서나 편리하게 구입할 수 있도록 해야 한다. 이와 같은 영업방침을 지키는 이유는 강력한 수성(守城)의 의지가 있기 때문이다. 기업이 폭리를 취하면 사회여론의 지탄을 받고, 공급물량이 부족하게 되면 다른 공장이 들어설 여지를 주며, 서비스가 나쁘면 고객들은 경쟁사의 출현을 원하게 된다. 그래서 독점기업일수록 실수요자들의 불만이나 불평을 사서는 안 된다는 것을 알고 김종희는 3대 영업방침인 적정가격 유지, 무제한 공급, 철저한 서비스를 초지일관 관철시켰다. 이것이 한국화약의 지속적인 성장 비결이었다.

직원의 '주인(主人) 정신' 교육에 철저

김종희는 못마땅한 직원의 모습에 대해서 이렇게 알려준다.

첫째, '네!' 대답하고서 실천하지 않거나, 해도 시간을 지체시키거나,
둘째, 누가 시켜야 하고 안 시키면 안 하는 사람.
셋째, 뒤에서 보고 있으면 하고, 안 보고 있으면 안 하는 사람.
넷째, 목전에 이익이 있으면 하고 없으면 안 하는 사람.
다섯째, 성과는 고려하지 않고 하는 체만 하는 사람.
여섯째, 옳은 일인데도 강력하게 주장하지 않는 사람.

위의 여섯 가지를 한마디로 표현하면 '적극적이지 않은 사람'을 싫

어했다. 자기가 맡아서 하는 일에 주인 정신을 가지고 하지 않으면 일이 잘될 리가 없으며 그러한 사람은 자기 발전도 없고 회사와 국가에도 크게 도움이 될 수 없다고 생각한다.

반면에 그가 기대하는 사원의 모습으로서는 '변화에 적응할 수 있는 사람'으로 못을 박으면서 이러한 사람이 되려면 항상 자기 계발을 하면서 머리를 쓰고, 조직적으로 일을 해나가며, 앞을 내다볼 줄 알고, 또한 일의 속도를 중하게 여기는 사람이 한국 화약그룹이 바라는 사람이라고 가르친다.[*]

셀트리온 서정진 회장

대우그룹은 사라졌지만 대우의 도전 정신은 셀트리온을 잉태하여 다시 찬란하게 빛을 발하고 있다. 대우그룹의 모험과 도전 정신을 그대로 이어받은 회사가 셀트리온이다. "맨땅에 헤딩하기." "안 되면 되게 하라."를 그대로 빼닮았다. 김우중 회장에 의해 대우자동차 기획 파트의 고문으로 파격적으로 발탁되었던 서정진 고문과 대우차 기획조정실 5인방이 주축이 되어 인천시 연수구청의 벤처 산실에서 1999년 11월에 창업된 '넥솔'이 셀트리온의 모체이다.

기업가정신의 근본 바탕은 혁신과 창의성이다. 혁신적인 방법으로 자신에게 부닥친 문제를 해결하려는 파이팅 스피릿이 서 회장의 커다

....
[*] 《김종희–실록기업소설 한국화약 창업비화》. 전범성. 서문당. 1988. 306p, 375p.

란 장점이다. 문제가 터지면 자기 자신을 사지로 몰아넣은 뒤에 그 문제에 정면으로 맞닥뜨리는 방법이라고 할 수 있다. 궁즉통(窮則通)이다. 사람이 궁하면 어떻게 해서든 그 상황을 벗어나려고 애쓸 수밖에 없듯이 자기 자신을 그러한 사지로 몰아넣고 초인적인 방법, 기상천외한 방법으로 승부를 거는 것, 이것이 크게 성공한 기업가들이 갖고 있는 특성이다.

"절박하면 하는 것이다. 스스로 절박하게 만들어라. 여유가 있으면 안 한다. 도망갈 구멍을 찾으면 안 된다. 스스로를 코너에 몰아넣고 단련시켜라."

서 회장은 자기가 사업이 어려울 때 자기에게 차용증도 없이 15억 원을 빌려준 친구가 있었다. 어느 날 서 회장은 부회장으로부터 내일까지 15억 원을 준비하지 않으면 회사가 부도가 난다는 보고를 듣고서는 내일 은행에 가 있으라고 지시했다. 치과의사 고교 동창인 친구가 병원 짓는다며 부모로부터 돈을 받았다는 이야기를 들었던 기억이 나서 바로 그 친구에게 전화를 해서 병원 아직 안 지었으면 그 돈 나한테 보내라고 해서 돈을 받아 부도 위기를 모면했다고 한다. 차용증도 안 받고 바로 돈을 보내준 친구나 전화 한 통으로 15억 원을 빌려달라고 부탁했던 서 회장이나 대단한 사람들이다. 그 이후에 서 회장은 그 친구로부터 빌린 돈 15억 원 대신에 셀트리온 회사 주식 30만 주 정도를 액면가로 계산해서 주었단다. 그 친구가 개인 투자자로서는 셀트리온 주식을 제일 많이 가지고 있는데 2020년 12월 11일 기준으로 약 1,000억 원 정도라고 한다. 서 회장은 자기가 성공할 수 있었던 것은 자기 주변에 좋은 친구들과 좋은 직원들이 많았기 때문이라고 겸손해한다.

서정진 회장은 혁신과 창의성을 가지고 사업에 활용할 대상을 물색한 끝에 아직 간척도 되지 않은 물바다인 땅 5만 평을 내어주겠다며 미국의 백신 회사를 그곳으로 유치한 21세기판 봉이 김선달 같은 사람이다. 그는 송도시 개발 계획이 좌절되어 어려움을 겪고 있던 인천시와 아시아에 바이오백신 생산 공장의 설립 장소를 찾고 있었던 미국 백신 회사를 연결시키는 데 성공했다. 서 회장은 혁신과 창의성을 다른 말로 표현하면 저렴한 가격(가성비)과 단납기(신속한 대응)로 고객에게 다가갔다. 그는 바이오 시밀러 분야가 당시 한국에서는 불모지와 다름없는 분야라는 것을 알아채고 이 사업에 뛰어들기로 결심했다.

바이오 시밀러는 특허의 보장 연한이 지나서 누구나 해당 약품을 제조해서 판매할 수 있는 제품이다. 이른바 '복제약'이다. 성분과 약효는 똑같지만 원래 특허를 가진 제품보다는 소비자에게 싸게 팔 수 있는 가성비가 있는 제품이다. 바이오 시밀러 분야에서 국내 최대 업체가 셀트리온이다.

서정진 회장의 성공 요인은 가성비이다.
철저하게 비용을 절감해서 창출한 부가가치를 고객에게 돌려주기 위해서는 기존의 의약품보다 싸게 팔 수 있는 것들만 개발해서 싸게 파는 것이 영업 전략이다. 초기에는 개발된 약품을 전 세계 시장에 판매하는 데 있어서 유통 파트너로서 미국의 화이자와 거래했는데 그들의 중간 수수료율이 약값의 50% 가까이 될 정도로 너무 비싸서 최종 판매가가 비싸지는 문제들이 계속 생겼다. 그래서 2018년부터는 판매를 위탁판매에서 직판체제로 바꾸어서 직접 최종 소비자인 외국의 병원 영업으로 전환했다. 이렇게 해서 유통 비용을 15%~25%까지 낮추다 보니 회사 이익률도 올라가고 제품 가격 인하도 가능해졌다. 이제 전 세계에 판매망을 탄탄하게 갖추면 글로벌 제약회사가 되는 거다. 한국에서는 어떤 회사도 시도해 보지 못했던 것을 지금 이루어 가고 있다.

바이오 시밀러 회사에 걸맞게 극단적으로 효율성을 추구하기 위해 해외 영업 인력도 경쟁사의 10분의 1 수준으로 유지한다. 미래에는 아프리카의 환자도 셀트리온의 약을 부담 없이 사게 하기 위한 준비라고 한다. 가성비와 신속한 대응으로 세계 제약 시장에서 강자가 될 꿈을 가지고 오늘도 뛰고 있다.

지금까지 우리나라에서 크게 성공한 기업가 일곱 분의 기업가정신을 살펴보았다. 성공한 기업가들을 살펴보면 공통점을 발견할 수 있다. 그것은 아래와 같다.

그들은 사람이나 사물을 대하면서 선입관이나 고정관념에 사로잡혀 있지 않고 '탁 트여 있는 사람'이다. 그들은 대개 개방적인 마음으로 배우려는 자세를 가지고 있다. 늘 연구하고 혼자 사색하는 습관이 몸에 배어 있다. 이것은 고전의 '대학(大學)'의 가르침대로 학문하는 자세로서의 '격물치지(格物致知)'다. 즉 '사물의 본질을 꿰뚫는 힘'을 터득하기 위해 그가 대하는 사람들과 사물에 대해 집중하는 자세이다.

성공하는 기업가들은 모두 자기가 만나는 사람들과 사물과 자기 사업에 관해서 보통 사람들이 상상을 초월할 정도로 집중하여 그 본질을 꿰뚫어 알려고 한다. 이러한 욕망으로 가득 차 있기 때문에 그들을 바라보면 개방적이고 천진난만하며 '탁 트인 사람'이라는 느낌을 받게 된다. 사물을 있는 그대로 본 모습대로 합리적이고 올바로 이해하려는 자세를 가진 사람이다. 그래서 그들은 널리 배우려고 하며 치밀하게 질문하며 신중하게 생각하고 분별하여 조심스럽지만 확실하게 행동한다. 대부분 결단과 행동이 빠르고 그들은 자기 자신을 이 사회의 고정된 가치관에 가두어 두지 않는다. 주위의 평가를 크게 의식하지 않고 자신을 주위 사람들의 평가의 굴레에 가두어 두는 것을 견디지 못한다. 그들은 개성이 뚜렷하고, 진솔한 사람, 열정에 넘치는 사람들이다.

그들은 회사 경영을 위해 경영학에서 가르치는 대로 어떠한 전략을 실행하기보다는 '자신의 본능과 열정'을 따라간 사람들이다. 격물치지(格物致知)의 자세를 가지고 '사업의 본질을 꿰뚫는 힘'을 터득한 대가들이다. 대한민국에 이러한 대가들이 더 많이 배출되기를 바랄 뿐이다.

제3장

중산층을 늘려서 잘사는 사회 만들기

중산층,
왜 주목해야 하나?

중산층은 공정사회와 혁신을 이끄는 주인공

공정사회와 혁신은 현대 사회의 지속 가능한 발전을 위한 핵심 가치이다. 이러한 가치를 실현하는 데 있어서 중산층에 주목하는 것은 매우 중요하다.

중산층이란 OECD에서 정한 기준으로 한 가구의 소득이 전체 가구의 소득 중에서 정확히 중간 위치의 소득 가구를 100%라고 할 때에 이 중위소득의 50%~150%인 가구를 말한다. 중위소득의 50% 미만 가구는 저소득층, 150% 이상 소득의 가구는 상류층이라고 할 수 있다. 그런데 우리나라는 이 중산층 비율이 전체 가구의 60%가 채 안 된다. 북유럽의 스웨덴, 노르웨이, 핀란드, 네덜란드 등 국가들은 이 비율이 70%를 넘고 있다. 중산층 비율이 높으면 높을수록 그 사회는 안정된 사회라고 볼 수 있다. 필자는 중산층에 주목해서 어떻게 중산층을 늘려갈 수 있는지를 살펴보겠다.

중산층은 사회와 경제의 균형을 유지하는 핵심 계층으로 중산층에 주목해야 하는 이유는 아래와 같다.

공정사회란 모든 사회 구성원이 평등한 기회를 갖고, 공정한 경쟁을 통해 자신의 능력을 발휘할 수 있는 사회를 말한다. 공정사회는 다음과 같은 특징이 있다. 교육 기회의 평등, 노동시장의 공정성, 사회 계층의 원활한 이동성, 혁신의 촉진, 창의적인 인재, 창업의 활성화이다. 이와 같은 요소들은 지속적인 경제성장과 균형 있는 소득분배로 연결된다. 중산층이야말로 이러한 공정사회의 핵심적인 역할을 하는 계층이다. 즉, 공정사회 만들기의 결과로 중산층이 늘어나게 되어 있고 늘어난 중산층은 공정사회와 혁신을 이끈다.

한국은 이념대결도 치열하고 계층 간, 세대별, 성별 갈등도 큰 사회이다. 이러한 복합적인 갈등이 사회를 역동적으로 발전시키는 기능도 있지만 부정적인 측면이 더욱 강하다. 이와 같은 한국의 현실에서 사회의 통합과 그로 인한 발전적 시너지를 얻으려면 결국 중산층의 확대가 필수적이다. 왜냐하면 경제적 지위에 따른 상류층과 저소득층은 서로 간에 입장의 차이가 너무 커서 타협과 융화되기보다 갈등과 대립이 큰 반면, 중간의 입장에 있는 중산층은 상류층이나 저소득층과 타협하고 융화하는 데 유리한 위치에 있다. 따라서 사회가 발전적으로 통합을 이루려면 중산층을 늘리면 된다. 이와 같은 사실은 중산층이 압도적으로 많은 북유럽 사회에서 쉽게 관찰된다.

한국의 중산층 가구의 비율이 전체 가구에서 58% 정도이다. 이 비율을 70~80%로 끌어올릴 수 있다면 많은 사회적인 갈등을 해소하는 데 분명히 도움이 된다. 지금 대한민국은 좌우 이념대립부터 시작해서 다양한 갈등으로 반목하고 있기 때문에 모두가 함께 조금씩 양보하고 타협하면서 해결하겠다는 공감대가 절실히 요구되는 시점이다. 즉 중산층을 확대하는 정책에 국민이 공감대를 가지고 정부가 적극적으로 이끌어 준다면 중산층 확대의 성공과 동시에 다양한 갈등을 해소하며 대한민국이 하나로 통합되는 사회가 될 수 있다.

중산층은 자유민주주의체제의 버팀목

**자유민주주의와 사회주의,
어느 정치체제가 국민을 더 행복하게 할 것인가?**

프랑스의 소설가 앙드레 지드는 사회주의자였다. 1936년에 절친한 러시아 작가 막심 고리키가 위독하다는 소식을 듣고 소련에 갔는데,

그가 방문한 소련의 가정은 모두 초라한 가구들과 스탈린 초상이 걸려 있었다. 이를 본 앙드레 지드는 "인간을 외부의 힘으로 단순화하거나 획일화하려고 하면, 인간의 삶을 파괴하는 희극이 될 것이다."라며 사회주의와 결별했다.

모두가 꿈꾸는 자유롭고 평등한 이상적인 사회는 공산주의나 사회주의가 아니다. 불완전하지만 자유주의가 그 이상을 실현하는 데 가장 가까운 제도이다. 인간은 누구나 남보다 더 잘살고 싶은 경쟁심과 내 것을 챙기고 싶은 이기심을 가지고 있다. 자유주의는 이런 인간의 욕망을 성장 동력으로 활용하는 합리적인 제도야. 그래서 대부분의 사람에게 지지받아 지속적으로 발전해 왔다. 자유주의는 개인의 자연스러운 욕구를 인정하여, 자아실현과 성공을 위해 노력한 사람들에게 경제적인 보상이 돌아가도록 하는 제도이다. 소득은 타인을 이롭게 한 대가이다. 타인을 이롭게 해서 얻은 대가를 자기 마음대로 처분할 수 있는 권리를 인정하는 것이 자유주의의 핵심이다.

우파 경제학자 하이에크는 자신의 저서 '노예의 길'에서 경제생활에서 국가가 국민에게 '자유'를 줄 것이냐? 아니면 개인의 자유를 통제하고 '계획'을 줄 것이냐에 따라 자유 시장 경제체제와 계획경제 또는 사회주의 경제체제로 나누어진다고 했다. 이처럼 국가가 경제 전체를 계획적으로 조직화하려는 사상의 흐름이 독일에서는 나치의 등장으로, 소련에서는 레닌주의의 등장으로 이어졌다고 하며 영국의 지식인들과 특히 각 정당의 사회주의자들에게 이러한 사회주의의 길이 '자유'의 길이 아니라 '노예'의 길이라는 것을 밝히기 위해 이 책을 썼다고 밝히고 있다. 하이에크는 시장경제라는 것은 개인과 기업들이 시장에서의 경쟁 과정을 통해서 소비자들이 어떤 상품을 원하는지 어떤 생산방식이 원가가 싸게 먹힐지를 발견하는 끊임없는 과정이라고 소개한다. 그는 중앙집권의 계획경제는 경제 전체를 하나의 조직으로 만들게 되어 중앙독재정치가 시작될 수밖에 없다.

이는 독재를 휘두르는 계급이나 집단이 일반 국민에게 자신들의 사상을 강요하는 권력을 행사할 수밖에 없으므로 그 결과는 국민의 자유 상실이며 결국 '노예의 길'이 된다고 주장하며 사회주의자들에게 경종을 울렸다.

경제학의 아버지 애덤 스미스는 《국부론》에서 "모든 개인은 자신이 자유롭게 처분할 수 있는 자본을 가장 큰 이득이 되도록 이용하려고 노력한다. 그는 자신의 이득을 목표로 하지만, 그 과정에서 사회의 이득도 증진된다."고 말했다. 이를 '보이지 않는 손'이라고 표현했다. 즉, 개인의 사적인 이익 추구가 사회의 이익도 증진하는 과정이다.

반면에 사회주의는 타인을 이롭게 해서 얻은 소득을 국가에 귀속시키고, 국가로부터 정해진 배급을 받는 사회이다. 그런데 시간이 지나고 보니 국민이 제대로 배급을 받기는커녕 독재자와 그의 측근들만 행복을 추구했다. 공산주의자들의 계급 없는 평등사회의 건설은 처음부터 이루지 못할 꿈이었다. 단지 국민을 선동하고 속여 구렁텅이에 빠뜨리고 나서 국민이 마땅히 누려야 할 자유를 빼앗고 총칼로 위협하며 국민을 고작 노예로 만들었다. 그래서 사회주의는 '노예의 길'이다.

독일 역사학자 라이너 지텔만은 자신이 쓴 책《부유한 자본주의 가난한 사회주의》에서 세계 경제사에서 중요한 의미를 지녔던 7개 지역의 성공과 실패를 통해 **"국가의 부는 운명이 아니라 선택이 결정한다."**라고 설파했다.

남미국가에서 칠레는 시장주의자 밀턴 프리드먼의 영향을 받은 경제학자들, 즉 시카고대학의 교수들이 추진했던 칠레의 경제개혁 정책이 자본주의 경제질서를 세우는 시발점이 되었다고 분석한다. 반면에 하이퍼인플레이션, 경제 몰락, 정치 탄압으로 고통을 겪고 있는 베네수엘라는 사회주의 실험 실패의 결과였다. 결국 국민이 자유민주사회냐, 사회주의 통제 사회냐를 선택하는 기로에서 무엇을 선택하느냐에 따라 나라의 빈부가 결정되었다고 역사적인 사실로 증명한다.

또 다른 사례로 아프리카 국가들이 1960년대에 독립하면서 자유민주주의를 거부하고 사회주의를 채택한 결과, 빈곤에 시달리며 사회주의 독재자들은 부정부패와 횡령으로 거부가 되었다. 콩고민주공화국의 정치인 모부투 세세 세코는 개인재산이 100억 달러였다. 그는 부정축재를 하지 않았더라면 콩고는 부채 없는 건전한 재정을 가질 수 있었을 거다. 사회주의는 사유재산을 인정하지 않고 모든 생산도구를 국유화해서 성장 동력을 뿌리째 뽑아버린다. 사회적인 부와 명예와 권력은 지배층의 몫이며, 민중의 인권은 제한당하고, 가난과 억압 속에서 노예 같은 삶을 살 수밖에 없다.

사회주의는 불가능한 망상이다. 인간의 본성에 거스르기 때문이다. 사람들은 본래 이기적이고 자기중심적인 존재라 자기에게 이익이 되지 않으면 최선을 다하지 않는다. 일할 동기를 주지 않는 경제체제는 미래가 없다. 공산주의, 사회주의, 전체주의가 그렇다.

북한 11세 남자아이 평균 키는 125센티미터, 몸무게는 23킬로그램인데, 남한 11세 남자아이는 144센티미터, 39킬로그램이다. 북한 어린이의 영양 상태가 심각함을 알 수 있다. 북한 주민은 남한 주민보다 평균적으로 10년은 더 수명이 짧다.

공산주의가 들어간 나라치고 국민의 건강이 망가지지 않은 나라는 없다. 모두가 잘사는 사회는 신기루일 뿐이다. 독재자와 그 측근을 제외하면 모두를 거지와 노예로 만드는 것이 사회주다. 북한과 남한의 경제력 격차는 더욱 심화되고 있다. 북한 청소년은 숙련 기술자를 꿈꿀 만큼 진취적인 기상이나 창의력이 부족하고, 교육도 충분히 받지 못했다. 젊은 나이에 10년씩 군대 복무를 강요당한다. 이러니 남북한의 경제력 격차가 더 커지는 거다.

《국가는 왜 실패하는가》의 저자 대런 애쓰모글루는 그의 책에서 한국과 북한에 대해서도 다뤘다. 1950년 한국전쟁이 일어나 남북으로 뿔뿔이 흩어졌던 가족들이 많았다. 50년이나 지나 '이산가족 찾기'

로 다시 극적으로 북에 있던 동생을 상봉하게 된 황평원 씨의 이야기이다.

"1950년 뿔뿔이 흩어진 형제는 2000년 서울에서 50년 만에 처음으로 상봉의 기쁨을 맛보게 된다. 남북한 정부가 마침내 제한적이나마 이산가족 상봉에 합의한 덕분이었다. 의사였던 황평원의 동생은 공군에서 일하게 되었는데 군사독재 국가에서는 괜찮은 직업이었다. 하지만 북한에서는 특권을 가진 이들조차 잘살지 못한다.

두 형제가 만났을 때 황평원은 38선 이북의 생활이 어떤지 물었다. 자신은 차가 있었지만, 동생은 없다고 했다. 동생에게 전화는 있느냐고 물었지만 없다면서 '외교부에서 일하는 딸은 전화가 있는데 코드를 모르면 전화를 걸 수가 없다'고 덧붙였다. 황평원은 북쪽에서 상봉장에 나온 가족이 하나같이 돈을 달라 부탁했다고 회고했다. 자신도 동생에게 얼마간 돈을 주려고 했지만 동생은 가져가 봐야 정부가 그 돈 내놓으라고 할 게 뻔하니 그냥 넣어두라고 했다. 황평원은 동생이 해진 외투를 입고 있는 것을 보고 이렇게 말했다. '그 외투 벗어두고 이걸 입고 가라' 하지만 동생은 고개를 저었다. '그럴 수 없다. 여기 오려고 정부에서 빌린 거다' 동생은 헤어질 때도 마치 누군가 감시라도 하는 듯 눈치를 살피고 내내 불안해했다. 동생은 황평원이 예상한 것보다 더 가난했다. 동생은 잘산다고 말했지만 황평원의 눈에는 초췌하고 나무젓가락처럼 비쩍 마른 모습이었다."*

중앙집권적 사회주의 계획경제는 근로자의 일하는 기쁨과 보람을 빼앗고 노동생산성을 떨어뜨려서 결국 다 같이 가난해진다. 달콤한 말로 국민을 현혹하고 정권을 휘어잡으며 경제를 철저히 통제하는 사회주의는 독재정권을 합리화시키고 국민을 집단의 노예로 전락시킨다. 나치즘과 파시즘이 그 예이다. 히틀러는 자살로 생을 마감했듯이 대부분의 사회주의 독재자의 말로는 비참했다. 그들은 사람의 본성을 이해하지 못했기 때문이다. 사람에게서 자유와 자기 결정권을 빼앗으면 비극적인 결말을 맞이한다는 것이 역사의 가르침이다.

자본주의가 만능의 해결책은 아니지만, 현재까지 이보다 나은 제도가 없기에 자본주의가 존재한다. 각 나라가 처한 상황과 사회의 형편에 따라 조금씩 다를지언정, 기본적으로 국민 각자가 자기 생명을 지키고 자유롭게 살고자 하는 욕구를 인정하는 한 자본주의는 계속해서 발전하여 자본주의의 모순인 빈부격차도 점점 해소될 것으로 믿는다. 자본주의의 토양 위에 자유민주주의가 꽃을 피울 수 있다. 몇 년 전에 헌법 4조에서 '자유'라는 단어를 빼려고 시도했다가 국민적인 반대에 부딪히자 슬그머니 꼬리를 내린 적이 있었다. 헌법에서 '자유'를 왜 빼려고 했을까? 자유를 빼고 사회주의로 바꾸려는 사전작업이 아니었

---

* 《국가는 왜 실패하는가》. 대런 애쓰모글루, 제임스A. 로빈슨. 시공사. 114p.

을까? 이런 시도를 한 자들은 대한민국의 정체성을 바꾸려는 위험한 발상을 한 것이며, 그들을 색출해 처벌해야 한다. 그리고 그런 자들이 대한민국에서 발을 붙이지 못하도록 항상 감시해야 한다. 대한민국을 자유민주국가에서 사회주의국가로 바꾸려는 세력들이 이 나라의 안보에 가장 위협적인 존재이다. 그들의 잘못된 사상을 바로잡고 튼튼한 안보의식을 바탕으로 자유민주주의 대한민국을 지켜나가야 한다.

자본주의 경쟁체제의 실패와 대안의 필요성

자유민주주의는 자본주의와 시장경제 체제의 토양 위에 자라난 자연스러운 사회제도이다. 자본주의와 시장경제가 인간 사회의 모든 문제를 해결할 수 있는 만능의 열쇠는 아니다. 시장경쟁의 결과로 승자 독식이 일어나 필연적으로 '부익부 빈익빈' 사회로 이어진다. 부의 집중이 심화하면 소득 불평등이 커져서 사회불안과 갈등을 초래한다. 또한 기업들은 이윤을 극대화하기 위해 환경을 희생시키기 쉽고, 환경 파괴는 지속 가능한 사회발전에 걸림돌이 된다. 그리고 자본주의 경쟁체제는 주기적으로 경제 위기의 방아쇠가 되기도 한다. 2008년 금융위기는 리먼브러더스를 비롯한 국제금융그룹들이 저신용 주택 융자 채권을 일반인에게 신용이 높은 상품인 것처럼 속여서 판매한 것이 원인이 되었다. 즉 탐욕으로 치닫는 인간의 속성을 제어할 공적인 장치가 마련되지 않으면 언제나 재발할 위험이 도사리고 있다.

자본주의 경쟁 체제하에서는 시장경쟁에서 패배한 사람들이 취약계층으로 밀려나게 되어 국가는 이들을 돌봐야 할 책임을 떠안게 된다. 서민과 취약계층 즉, 장애인들, 이제 사회에 첫걸음을 한 청년들, 신용 불량자들, 이들은 사회에서 살아갈 자립 기반을 제대로 갖추지 못한 경제적 약자들이다. 이들을 다시 회복시켜서 경제생활, 사회생활을 할 수 있도록 지원해야 하고 이들을 다시 중산층으로 흡수시키는 정책을 구사해야 한다.

자본주의의 모순을 극복하기 위해 각 나라들은 여러 가지 정책을 시행해 왔다. 가장 대표적인 '수정자본주의'와 '질서자유주의'에 대해 살펴보자. 수정자본주의와 질서자유주의는 둘 다 시장경제를 기반으로 하지만, 정부의 역할과 개입 정도가 다르다. 경쟁시장은 언제나 약육강식의 전쟁터라서 경쟁하는 동안 불공정과 불법, 편법이 개입해 공정사회가 무너질 위험이 있다. 각 나라는 '공정관리 위원회'라는 정부 조직을 두어서 시장경쟁이 공정하게 진행되는지 관리하고 감시하는 역할을 하지만 '공정관리 위원회'의 활동만으로는 턱없이 부족하다.

시장의 실패를 보완하기 위해 정부의 개입이 필요하다는 점을 인정해서 수정자본주의는 정부가 적극적으로 개입해서 사회복지제도와 공공서비스를 국민에게 제공해 불평등을 완화하려고 한다. **질서자유주의**는 정부의 개입을 최소화하고, 법과 규제를 통해 시장의 질서를 유지하려고 한다. 정부는 주로 경쟁을 촉진하고 독점을 방지하는 역할을 한다. 다시 말하면, 수정자본주의는 경제적 자유보다는 사회적

평등과 복지를 더 중시하며, 질서자유주의는 경제적 자유를 중시하되, 개인의 자유와 책임을 강조한다.

수정자본주의를 성공적으로 시행한 대표적인 국가는 스웨덴이다. 스웨덴은 시장경제를 기반으로 하면서도, 정부의 적극적인 개입을 통해 사회적 불평등을 완화하고 복지를 강화하는 정책을 펼쳤다. 스웨덴의 복지 시스템은 높은 세율을 통해 재원을 마련하고, 이를 통해 교육, 의료, 주거 등 다양한 사회복지 서비스를 제공한다. 이러한 정책 덕분에 스웨덴은 높은 삶의 질과 경제적 안정성을 유지하고 있다.

질서자유주의를 성공적으로 시행한 대표적인 국가는 독일이다. 독일의 사회적 시장경제는 질서자유주의 사상에 기반을 두고 있으며, 시장의 자유를 보장하면서도 정부가 법과 규제를 통해 시장의 질서를 유지하는 역할을 한다. 독일은 경쟁을 촉진하고 독점을 방지하는 정책을 통해 경제적 성과를 거두고 있으며, 동시에 사회보장제도를 통해 국민의 기본적인 생활을 보장하고 있다.

이 두 나라는 각각 수정자본주의와 질서자유주의를 통해 경제적 안정성과 사회적 복지를 동시에 달성하고 있는데 시장의 실패를 보완하기 위해서 높은 세율을 국민에게 부과하고 있다. 어느 정도 세금을 많이 내는지 한국과 비교해 보자.

법인세

국가	순익 2억 이하	순익 2억~200억	순익 200억 초과	순익 3,000억 초과	실효세율
한국	10%	20%	22%	22%	16~19%
독일	9%	19%	21%	24%	30% (州政府영업세추가)
스웨덴	20.6%	20.6%	20.6%	20.6%	

총소득세

국가	연간소득 5,000만 원	연간소득 1억 원	연간소득 3억 원	연간소득 10억 원
한국	15%, 750만 원	20% 2,010만 원	32% 9,600만 원	38.6% 3억 8,600만 원
독일	10%, 500만 원	30% 3,000만 원	37.7% 1억 1,300만 원	42.6% 4억 2,600만 원
스웨덴	32%, 1,600만 원	28.3% 2,715만 원	22.8% 6,840만 원	20% 2억 원

스웨덴 소득세 계산법

(509,300(SEK)/11.17)×1,450원×0.32(소득세율)+509,300SEK 초과분×0.2(국세 추가)

연소득이 5,000만 원(370,000SEK)일 경우,

370,000SEK×0.32% = 1,600만 원

1억 원(740,000SEK)일 경우,

509,300SEK×0.32(소득세율)+(740,000-509,300)SEK×0.2(국세 추가분) = 209,116SEK(2,715만 원)

3억 원(2,220,000SEK)일 경우,

509,300SEK×0.32(소득세율)+(2,220,000-509,300)SEK×0.2(국세 추가분) = 505,116SEK(6,840만 원)

10억 원(7,400,000SEK)일 경우,

509,300SEK×0.32(소득세율)+(7,400,000-509,300)SEK×0.2(국세 추가분) = 1,541,116SEK(2억 원)

부가가치세는 독일이 19%, 스웨덴이 25%, 한국이 10%이다. 이렇게 살펴보니 한국이 독일과 스웨덴에 비해 세금 부담이 적은 것은 분명하다. 우리나라 기업의 법인세는 22%로 OECD 국가의 법인세 평균인 23.5%보다는 약간 낮고, 게다가 법인세 실효세율(순이익에 대해 실제로 납부하는 세율)은 이보다 훨씬 낮다. 각종 투자 세액 공제 등을 받아서 가장 세금을 많이 내는 삼성그룹도 실효세율이 17% 미만이다. 대부분의 기업들이 순이익의 16~20% 정도의 실제 법인세를 내고 있다. 우리나라의 22%의 법인세를 15%~16%까지 낮추자. 그 이유는 아일랜드의 성공 사례가 근거가 될 수 있다. 유럽의 최빈국이었던 아일랜드가 법인세율 12.5%로 프랑스의 1/3수준이다. 인구 500만밖에 안 되는 작은 나라에 애플, 구글, 마이크로소프트, 아마존, 페이스북, 인텔, IBM, 등등 내로라하는 세계적인 기업들을 유치해서 2024년도 법인세로 거둔 금액이 약 55조 원 정도라고 한다. 우리나라의 연간 법인세 수입이 70~80조 원임을 감안하면 인구가 1/10 정도인 아일랜드는 대박 수준이다. 법인세 수입만으로도 나라 운영이 충분할 정도가 되다 보니 국민에게 돌아갈 복지수준이 어느 정도일지는 상상에 맡기겠다.

우리도 법인세를 낮추어서 글로벌 기업의 아시아 센터를 한국으로 유치하자. 2024년에 외국인의 한국 투자가 사상 최대로 350억 불이 되었다고 한다. 이와 같은 기세를 살려서 법인세를 낮추고 투자 관련 규제를 손질해서 그들이 한국에 투자해서 돈을 벌어 갈 환경을 만들어 주면 국내 고용시장에도 좋은 여건이 조성될 수 있다. 외국인 투자가들이 국내 투자에 있어서 주요한 고려 사항은 법인세율, 인건비, 전기요금, 우호적인 노조, 사회의 안정 등이다. 값싼 전기를 안정적으로 공급할 수 있는 체제와 낮은 법인세는 외국인의 국내투자에 매력적인 요소이므로 전력 생산과 송배전망을 구축하는 데 거국적인 힘을 쏟아야 한다. 이것이 바로 중산층 확대로 연결된다.

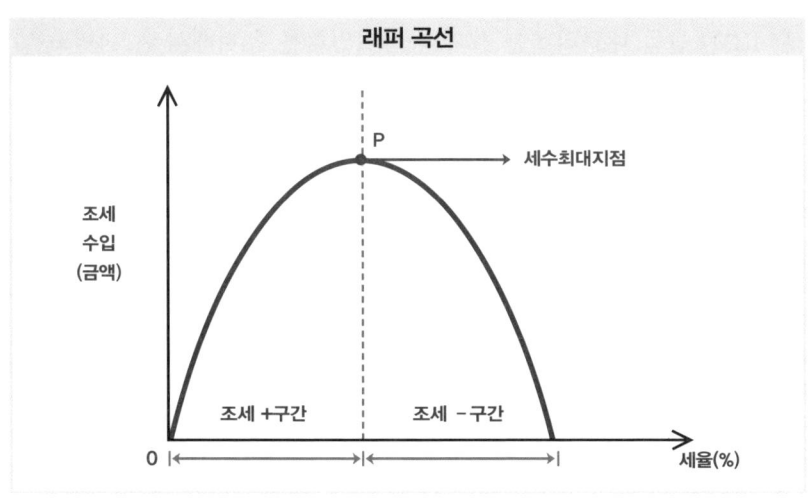

 미국 레이건 대통령 당시의 경제정책인 '레이거노믹스'의 이론적 근거였던 래퍼 곡선(Laffer's curves)은 미국 경제학자 아서 래퍼 교수가 주장한 이론으로 세율과 세수와의 관계를 나타낸 곡선이다.

 1970년대 초반에 미국에서 '사유재산 과세 반대'를 주장하는 여론이 형성되어 그 찬반투표가 캘리포니아주부터 시작되었다. 아서 래퍼는 샌프란시스코의 한 식당에서 세금과 국가 세수의 관계를 생각해 보았다. 국민이 나라에 내야 할 세금이 0%라면 국가 세수도 없다. 반대로 세금이 100%라면 국민은 누구도 자발적으로 일하려 하지 않을 것이므로 이 또한 마찬가지로 국가 세수도 없다. 따라서 국민이 느끼기에 너무 많은 과세는 세수를 줄일 것이므로 국민이 적정하다고 느끼며 세금을 낼 수 있는 최대한의 세율을 찾아내서 과세하는 것이 국가 유지에 바람직하다는 이론을 정립했다. 레이건 정부는 이러한 이론적 근거를 바탕으로 소득세를 25% 낮추게 되었고 이러한 감세 정책이 성과를 거두게 되었다.

도표에서 보는 바와 같이 세율과 세수간의 관계는 납세자가 적정한 세율이라고 느끼는 지점까지 세율의 증가에 따라 조세수입도 늘어나지만, 대부분의 납세자가 적정하다고 생각하는 세율을 초과한 어느 지점을 지나고 나면, 즉 세금 내는 것을 부담으로 느끼게 된다. 그러면 그 지점부터 사람들은 일하는 만큼 자기에게 돌아오는 몫이 적다고 판단해 경제활동이 위축된다. 따라서 세수도 함께 감소한다. 납세자가 적정한 세율이라고 느끼는 지점까지의 구간을 +구간이라고 하고, 납세자가 부담을 느끼는 구간을 -구간이라고 하면 이때의 구간으로 세율을 지정하면 세수가 축소될 수밖에 없게 된다. 다시 말하면 법인세이든지, 소득세이든지 세수가 증가하는 세율의 구간이 있고, 세수가 감소하는 구간이 있으므로 세율을 책정하는 데 주의를 기울여야 한다. 래퍼 교수는 해리치재단과 함께 공동으로 《미국 주(州) 정부의 경제성장 원인》이라는 저서를 출간했는데 이 책에서 그는 미국에서 개인 소득세가 없는 9개 주와 개인 소득세가 높은 9개 주가 지난 10년간 인구, 고용, 생산, 개인소득 증가율을 서로 비교해 보니 예외 없이 소득세가 없는 9개 주가 주거 인구도 증가했고, 고용도 늘었고, 생산도 늘었고, 개인소득도 월등하게 높게 나타났다며, 낮은 세율이 경제 활성화의 밑거름이라는 주장을 입증했다.

이와 같은 사실을 일찍이 간파한 아일랜드는 법인세율을 파격적으로 낮추어 11% 해서 많은 국제적인 회사들을 유치하는 데 성공했다.

세금을 내야 하는 기업들을 배려하여 낮은 세율을 적용했더니 아일랜드에 투자했던 외국 회사들의 실적이 증가하여 전체 세수는 세율이 높을 때보다 더 많이 늘어나게 되었다. 이를 보고 자극을 받은 많은 나라들이 지금은 너도나도 법인세를 낮추고 있다.

대외순자산과 국제수지 발전 단계

대외순자산이란 한 나라의 경제 성적표이다. 한 나라가 외국으로부터 받은 소득에서 외국에 지불한 소득을 뺀 순수한 대외자산으로 말할 수 있다. 이 소득에는 상품무역과 서비스와 기타 금융거래에 관한 소득을 전부 포함할 수 있다.

2024년 말 시점에서 한국의 대외순자산이 약 9,500억 달러 수준이다. 대외순자산의 국가별 비중은 미국: 약 30%, 중국: 약 20%, 일본: 약 15%, 유럽: 약 10%, 기타 국가: 약 25%이고, 대외순자산의 내역은 주식: 약 40%, 채권: 약 30%, 부동산: 약 20%, 기타: 약 10%이다.

우리나라의 경제가 현재 어떤 위치에 있는지 살펴보자. 가계부가

가정의 살림살이를 나타내듯, '국제수지'가 국가의 살림살이를 나타낸다. 국가의 가계부인 '국제수지'도 발전 단계가 있다. 상품과 서비스의 수출과 수입의 차이가 '무역수지', 금융자산의 이자와 임금 수입과 지급의 차이가 '소득수지'이다. '경상수지'는 '무역수지', '소득수지', '서비스 수지'의 합계이다. 경상수지는 나라 경제의 성장에 따라 단계적으로 변해간다. 각 나라의 경제성장에 따라 단계적으로 변화된다는 건 저절로 되는 게 아니다. 세계 시장 대응에 따라 부자가 되느냐 가난하게 머무르느냐가 정해진다.

국제수지 발전 단계에 있어서 각 나라는 대부분 아래와 같은 과정을 거친다.

제1단계: 미성숙한 채무국

신흥국은 경제력과 제조 기반이 약해서 수출품은 적고, 여러 생필품을 수입할 수밖에 없다. 그래서 무역적자가 생기고, 나라를 운영하려면 해외에서 돈을 빌려 와야 한다. 그래서 소득수지와 경상수지 모두 적자가 날 수밖에 없다. 우리나라도 1945년부터 1970년대까지 이 단계에 있었다.

제1단계 미성숙 채무국	제2단계 성숙 채무국	제3단계 미성숙 채권국	제4단계 성숙 채권국	제5단계 채권 매도국
무역수지 적자 소득수지 적자 경상수지 적자	무역수지 흑자 소득수지 적자 경상수지 흑자	무역수지 흑자 소득수지 흑자 경상수지 흑자	무역수지 적자 소득수지 흑자 경상수지 흑자	무역수지 적자 소득수지 흑자 경상수지 적자
한국 (1945~1978) 인도 아르헨티나 그리스	한국 (1979~2013) 이탈리아	한국 (2014~2025) 중국	일본 독일	미국 영국 프랑스

주요국의 국제수지 발전 단계(2025년도)

제2단계: 성숙한 채무국

미성숙한 채무국에서 경제력이 향상되면 성숙한 채무국으로 발전한다. 우리나라 경제는 1970년대부터 2013년까지 여기에 해당한다. 국내 산업이 발달해서 수출이 증가하면 수입보다 수출이 많아져서 무역흑자가 난다. 하지만 해외에서 빌려 온 빚이 남아 있어서 경상수지는 적자이다. 경제가 더 발전하면 경상수지도 흑자가 되면서 외국에서 빌려온 돈을 갚아가기 시작한다. 결국 외국에 빌려준 돈이 더 많아지는 순간이 오는데, 2014년이 바로 그때였다. 드디어 우리나라가 순채권국의 위치로 올라섰던 해였다.

제3단계: 미성숙한 채권국

순 채권국에 도달하면 소득수지가 상승하기 시작해서 경상수지는 대부분 흑자가 된다. 해외에서 빌렸던 빚을 다 갚고 남은 여유 자금을 해외에 투자해서 소득수지 흑자가 급상승한다. 그러면 국민의 살림살이가 나아진다. 나라 전체가 경제적으로 안정과 번영을 누리게 된다. 2025년 현재 한국의 경제 상황이 여기에 해당한다. 우리나라가 더 나은 성숙한 채권국으로 발전하려면 외국에 투자해서 사업이익과 금융이자, 배당소득을 늘려야 한다. 2025년 현재 정부가 가장 중점을 둬야 할 정책이 바로 이것이다. 이렇게 소득수지를 크게 늘리면 무역에서 적자가 나도 경상수지는 흑자로 만들 수 있다. 예를 들어 자영업자가 장사가 안되어 적자가 나도, 미리 저축한 적금과 투자한 부동산에서 나오는 임대료 수입으로 살림을 꾸릴 수 있는 것과 같다.

2025년 2월 6일 자 《조선일보》의 기사에 의하면,

> "6일 한국은행에 따르면 작년 연간 누적 경상수지는 990억 4,000만 달러 흑자로 집계됐다. 이는 2023년(328억 9,000만 달러)의 3배를 웃돌 뿐 아니라, 한은의 연간 전망치 900억 달러보다도 10%가량 많은 것이다. 역대 실적으로 보면 2015년 1,041억 달러 흑자 이후 9년 만에 최대다.

작년 12월 경상수지는 123억 7,000만 달러 흑자로 집계돼, 12월 기준으로는 역대 최대 흑자를 기록했다. 반도체 수출 호조와 해외 투자 배당소득이 크게 늘어난 영향이다. 우리나라 경상수지는 작년 5월부터 20개월 연속 흑자행렬을 이어가고 있다.

12월 경상수지를 항목별로 보면 상품수지 흑자가 104억 3,000만 달러로, 전월 90억 8,000만 달러와 비교해 흑자 폭이 확대됐다. 한은은 "반도체 등 정보기술(IT) 품목 수출 증가세가 이어지고, 승용차나 화학공업제품 등 비IT품목 감소세는 둔화되면서 수출이 늘어난 영향"이라고 설명했다. 작년 12월 수출은 전년보다 6.6% 늘어난 633억 달러를 기록했다. 수송장비, 반도체제조장비 같은 자본재와, 소비재 수입이 늘며 수입도 전년대비 4.2%가량 늘었다.

서비스 수지는 21억 1,000만 달러 적자로 집계돼 적자 규모가 전월(-19억 5,000만 달러)보다 커졌다. 서비스수지 중 여행수지가 9억 5,000만 달러 적자로 전달(-7억 6,000만 달러)에 비해 적자폭이 커졌다. 한은은 "겨울 방학 등 해외여행 성수 영향으로 적자폭이 확대됐다."고 설명했다.

본원소득 수지는 배당소득이 늘며 전월보다 흑자 규모가 늘어난 47억 6,000만 달러로 집계됐다. 배당소득수지가 35억 9,000만 달러 흑자로 전월(9억 8,000만 달러)에 비해 3배로 늘었다."

지금은 우리나라가 무역흑자를 거듭하고 있지만, 언제까지나 흑자가 계속될지는 알 수가 없다. 중국, 베트남, 인도 등 개발도상국이 바짝 뒤따라오고 있어서 일반 상품에의 가격경쟁을 넘어 고부가가치 상품에서도 위협을 받게 될 것이다. 그때를 대비해 **나라가 돈을 벌고 있을 동안에 국민을 중산층으로 만들어야 사회가 안정되고, 다음 세대에게 살기 좋은 나라를 물려줄 수 있다.**

제4단계: 성숙한 채권국

지금의 일본과 독일이 여기에 해당한다. 대외순자산이 일본은 2024년 말 기준 3조 2,000억 달러, 독일은 2조 9,000억 달러 정도이다. 오랫동안 경상수지 흑자에서 쌓인 대외순자산을 운용해서 나오는 이익이 커서 일을 안 해도 국내로 돈이 계속 들어와 먹고살 만하니까 일할 의욕이 떨어지기 시작한다. 배고픔과 가난을 극복하려던 절박함이 사라지면서 생산력이 저하되고, 수출 경쟁력이 떨어져서 무역흑자가 줄어들다가 결국 무역적자가 된다. 수십 년간 무역흑자만 거듭하던 일본도 지금은 무역흑자와 적자를 반복하고 있다. 돈이 많으니 힘든 일을 하러 나가기 싫은 거다. 나라가 이런 상태에서 생산성 향상을 위한 노력을 하지 않으면 벌어놓은 대외자산을 팔아서 쓸 수밖에 없다.

제5단계: 채권 매도국

있는 자산을 팔아서 쓰는 나라이다. 이 단계는 무역수지가 적자고, 소득수지는 흑자지만 무역적자를 다 메우지 못해서 경상수지도 적자가 된다. 결국 대외자산을 팔아서 적자를 메워야 하는 단계이다. 무역적자와 재정적자에 시달리는 미국이 세계에서 가장 강력한 기축통화인 달러 덕분에 버티고 있지만, 언제까지 이렇게 버틸지는 알 수 없다. 그래서 미국은 달러의 위상에 도전하는 나라들을 가장 두려워한다. 아마도 달러의 위상에 도전하는 나라들을 상대로 무역 보복은 물론 전쟁도 불사하게 될 것이다.

중산층을 두텁게 하기 위해 대한민국이 해야 할 일은 현재의 대외순자산을 일본이나 독일 수준으로 확보하는 일이다. 대외순자산은 다다익선(多多益善)이다.

우리나라, 독일, 일본 모두 강력한 제조업을 바탕으로 무역흑자를 내고 있다. 그래서 앞서가고 있는 이들 나라의 정책을 참고할 필요가 있다. 인구 8,500만 명의 독일은 2024년 대외순자산이 약 2조 9,000억 달러, 인구 1억 2,600만 명의 일본은 약 3조 2,000억 달러이다. 이에 비해 인구 5,200만 명의 우리나라는 2024년 말 현재 9,800억 달러 정도인데 인구 1인당 대외순자산으로 보면, 독일은 약 5,000만 원, 일본은 3,600만 원 정도인데, 한국은 2,600만 원 정도로 일본과 독일에 비해 상당히 적다. 외국에 저축해 놓은 자산이 적어서 국민복지에 쓰기엔 아직 부족하다. 이 대외순자산이 많으면 나라에서는 이 자산을 활용해 국민을 두터운 중산층으로 만들 수 있다. 이를 위해 정부는 당분간 경상수지 흑자를 예상해서 경상수지 흑자 → 대외순자산 확대 → 이자, 배당 수입의 증대 → 경상수지 흑자 확대로 선순환되도록 관리해야 한다.

우리나라도 인구의 고령화가 가속되고 있어서 시간이 지날수록 노동생산력은 점점 떨어지면서 국가의 부를 축적할 기회가 사라질 거다. 그래서 서둘러 대외순자산 확보에 박차를 가해야 한다. 대외순자산을 얼마나 확보하느냐에 따라 국가가 국민을 위해 좋은 복지를 제공할 수 있는 역량이 달라지기 때문에 빨리 서둘러야 한다.

중산층 비율은 약 60%를 차지하고 있다. 우리나라 국민의 부동산 자산이 전체 자산의 약 70%를 차지한다. 이 때문에 월 소득만으로 중산층을 규정하는 건 적절하지 않다. 부동산 비중이 크다 보니 아파트 가격이 폭등하면 주택 보유자와 무주택자 사이의 자산 격차가 심해진다. 전체 가구의 55%가 자기 집을 가지고 있고, 45%는 자기 집이 없다. '벼락 거지'라는 말도 아파트 가격 폭등 때문에 생긴 단어인데 무주택 중산층이 중산층에서 저소득층으로 떨어질 수 있다는 불안감에서 나오는 하소연이다.

경상수지 흑자와 저금리 상황이 지속되면서 시중에 돈이 많이 풀렸다. 그 돈이 토지와 아파트 가격을 올려서 거품을 크게 만들었고 결국 국민의 삶을 황폐하게 해서 국가 경제를 위기로 몰아갈 수 있다. 따라서 정부는 시중에 쌓인 유동성을 나라 밖으로 퍼내고, 국민의 투기심리를 차단하는 정책이 시급하게 필요하다. 또 정부는 국민의 생활 안정을 위해 중산층을 늘리는 일에 집중해야 한다.

중산층 확대 정책

독일의 신학자 겸 반나치 운동가였던 디트리히 본회퍼는 **"후세대를 가난하게 하는 사회야말로 가장 부도덕한 사회다."**라고 말했다.

청년세대를 잘살게 하기 위해서는 기득권층의 양보가 있어야 한다. 북유럽국가들 스웨덴, 노르웨이, 핀란드, 네덜란드의 국민은 중산층을 확대하는 복지정책 특히 주거 복지와 교육 투자를 위해서 높은 세율을 받아들였다. 유치원부터 대학까지 무상교육을 실현해서 국민이면 누구나 혜택을 누리게 했기 때문에 저소득층 자녀들도 국가에서 제공하는 고급 교육을 충분히 받아 사회적 계층이동의 혜택을 누리고 있다. 오바마 전 미국 대통령은 "한국이 세계에서 건강보험제도가 가장 잘된 나라"라고 칭찬했다. 건강보험료는 소득별로 차별하여 납부하되 건강보험 서비스는 모든 국민에게 공평하다. 이것은 경제적으로 여유가 있는 사람들이 건강보험료를 많이 내기 때문에 가능했다. 한국 사회가 일류 선진국으로서 한 단계 더 업그레이드되려면 '중산층 확대 정책'에 대한 전 국민의 공감대와 동의가 필요하다.

좋은 일자리 창출은 중산층을 키우는 지름길

직무발명의 활성화: 1970, 1980년대 전국 기능경진대회와 국제 기능올림픽이 한국 제조업 발전에 큰 영향을 주었다. 메달을 딴 기능사들은 귀국 시 카퍼레이드 행사에서 올림픽 선수들과 같은 축하를 받았고, 좋은 직장에 취업하거나 창업도 했었다. 기능공과 기술자들이 사회에서 제대로 대우받는 계기가 되었다. 실업계고등학교 출신 졸업자들이 각 산업현장과 중동의 건설 현장에서 일했고, 그들의 땀 덕분에 한국은 발군의 경제성장을 이루었다. 그때의 경제성장률은 연 10%를 넘었다. 산업현장에서 Q.C 분임조 활동이나 생산성 향상 활동으로 만든 제품이 세계 시장에서 Made in Korea로 널리 알려졌다. 하지만 지금은 이런 좋은 모습은 사라지고 경제는 활력을 잃고 실업자들이 거리를 메우고 있다. 4차 산업혁명으로 인한 산업현장의 완전자동화로 노동의 종말이 예고되고 있다. 어떻게 해야 우리 국민을 부자로 만들 수 있을까? 창의적인 발명자들을 존중하고 그들의 생활이 윤택해지도록 도와야 한다. 그들의 생활이 윤택해질 때 직무발명

이 활성화되어 좋은 일자리가 많아진다. 하지만 각 회사의 직무 발명자들, 연구원들에 대한 인센티브는 충분하지 않다. "일하는 소의 입에 망을 씌우지 말라."는 격언이 있다. 발명자에 대한 권리가 법적으로 잘 보장될수록 발명에 뛰어들려는 모험심이 자극돼 산업혁명의 에너지가 된다. 또한 병역특례제도를 다시 활성화해서 중소기업에서 산업체 기능 인력을 확보해야 한다. 제품개발 능력이 있는 이공계 졸업자들이 보병으로서 전방 초소를 지키는 것보다 방위산업체에서 미사일을 개발하는 일이 국방에 더 도움이 된다.

외국 기업의 국내투자 유치: 우리나라는 외국 기업의 국내투자 유치로 좋은 일자리를 많이 만들 수 있다. 과거 10여 년간 한국기업의 해외투자보다 국내로 들어오는 외국 기업의 투자는 3분의 1 정도이다. 우리는 일자리 만드는 데 손해를 보고 있다. 한국에 대한 외국인 직접투자는 GDP 대비 13% 수준이다. 미국은 34%, 독일은 22%, 호주는 44% 정도이다. 외국인 투자 유치에서 중요한 건 투자 욕구에 맞추는 정책들이 적기에 이루어져야 한다는 것이다. 외국 기업의 일자리는 국내업체보다 대우 좋은 일자리가 많다. 특히 정보통신, 금융, 보험서비스업, 부동산 등 선진국형 투자가 많아지는 건 좋은 조짐이다.

중국 시장을 목표로 하는 외국 투자자들은 중국의 정치적 리스크를 우려할 수 있다. 그들에게 안전하게 사업할 곳으로서 중국 시장의 전진 기지로서 한국 같은 곳이 없다. 중국 시장에 판매하기 위한 제조기지로서 가깝고 물류, 정보통신, 항만시설을 잘 갖추고 있다. 또한 아시아 시장을 목표로 하는 외국 투자자에게 한국처럼 제조공장과 물류 시설을 잘 갖춘 나라도 없다. 한국이 독보적이다. 인천항에서 중국 산둥성의 위해나 옌타이, 청도까지 뱃길 거리는 400킬로미터 이내이다. 중국의 중북부 해안 지역 도시의 수출입 물량의 상당 부분을 인천항에서 옮겨 싣고 있는데, 그 물량이 급증하고 있다. 그래서 인천 신항도 확장공사를 계속하고 있고, 인천 신항과 연결된 제2, 제3 경인고속도로는 컨테이너 화물차가 항상 줄지어 달린다. 인천과 수도권이 중국 내수시장을 겨냥한 전진기지로서 손색이 없는 점을 홍보하면, 홍콩과 싱가포르를 거치던 무역량을 우리나라로 가져올 수 있다. 반드시 가져와야 한다.

산업통상자원부의 외국인 투자 통계를 보면, 지난 10년간 외국인 투자가 서비스 분야에서 제조업 분야를 압도했다. 2020년에는 서비스 분야 투자가 제조업 분야보다 4배나 높았다. 이건 한국의 산업구조가 선진화되고 있다는 걸 보여준다. 특히 화공, 전기 전자, 기계, 정보통신, 연구개발, 금융, 보험, 유통, 부동산 등 분야에서 외국인 투자가 꾸준히 늘고 있다. 그래서 투자 유치를 확대하기 위한 두 가지 방안을 제안해 본다.

외국인 투자 유치 확대 방안

첫째, 서비스 분야 규제 완화

국내외를 막론하고 기업이 해외에 투자할 때 법률, 회계, 통신, 금융 등 서비스 분야의 규제 수준이 주요한 영향을 준다. 우리가 법률, 회계 같은 전문직 서비스를 개방하면 다른 서비스와 제조업의 국내투자도 늘어날 수 있다. 그래서 선진국의 사례를 참고해 외국인 투자 규제를 선진국 수준으로 완화해야 한다. 규제를 시장 친화적이고 경쟁 친화적으로 바꾸면, 우리나라도 미국이나 유럽 같은 투자 환경을 만들 수 있다면 외국 투자자들이 한국에 더 오래 머물 수 있고, 급여와 사원 복지가 좋은 일자리는 자동으로 늘어난다.

둘째, 외국인 투자 전담 기구 필요

외국인이 한국에 투자할 때, 현재는 한국무역공사(KOTRA) 산하의 Invest Korea Plaza가 정보를 제공하고 투자 상담을 담당한다. 하지만 투자액이 매년 증가하면서 현재의 지원체계로는 부족하다. 그래서 외국인 투자를 총괄·지원하는 별도의 조직(투자청)이 필요하다. One-Stop 서비스가 되지 않아서 투자 초기 단계에서 포기하는 경우가 많다. 투자청을 통해 외국인 투자 정책 수립, 투자 유치와 지원, 사후관리까지 일관되게 지원하면 외국인 투자가 늘어나고, 결과적으로 좋은 일자리가 많이 생길 거다.

셋째, 다국적 기업의 국내 유치

법과 규제는 상호 국가 간에 호혜 평등의 원칙대로 시행해야 한다. 외국인 투자 현황에서 화공, 전기 전자, 기계 분야에 많은 투자가 이루어지고 있음을 주목해서 국내 관공서의 부처별로 중복된 규제를 외국 투자 업체에 어떻게 완화할지 진지하게 검토해야 한다. 규제가 국제적인 규범에 맞는지 점검하고, 외국인 투자자를 위한 지원과 규제 수준을 선진국과 비슷하게 맞춰야 한다. 예를 들어, 미국에서는 산재 사고에 벌금을 부과하는 반면, 한국에서는 형사 처벌을 받는다면 국제적인 문제가 될 수 있다. 외국인 투자자에 대한 지원과 규제는 해당 선진국과 동일한 수준이거나 상호 국가 간에 혜택이 서로 같도록 조정해야 한다.

중산층 확대를 위한 재정 확보 방안

우리 속담에 "소도 언덕이 있어야 비빈다."라는 말이 있다. 소는 몸이 가려워도 손으로 긁을 수가 없다. 그래서 긴 꼬리로 자기 몸을 때리면서 파리 같은 벌레를 내쫓는다. 하지만 가려운 몸을 제대로 긁으려면 언덕 같은 데에 몸을 비벼야만 한다. 이처럼 사람도 어떤 일을 하려면 혼자의 힘만으로는 거의 불가능하다. 의지할 곳이 있어야 제대로 도약할 수 있다는 말이다. 2030 청년들과 서민들을 탄탄한 중산층으로 도약하도록 국가가 정책을 세워서 비빌 언덕이 되어주자는 것이다. 혼자 힘만으로는 주택 마련이 어려운 그들에게 국가가 비빌 언덕이 되어주는 정책에 대해 뒤에서 자세히 다루겠다.

독일은 청년과 서민들의 주거 복지 확충 차원에서 대외순자산에서 매년 약 150억 유로(21조 원)의 돈으로 독일 재건은행(KfW)이 매년 10

만 채씩의 임대주택과 공공주택 공급에 투자하고 있다. 이 정책으로 독일 청년과 서민들은 임대료가 싼 공공주택에서 살게 되었고 이렇게 해서 독일 정부는 청년과 서민들의 주거 비용을 지원하여 생계를 돕는 역할을 한다. 유치원부터 대학생까지 무상교육제도인데 자국민뿐 아니라 외국에서 독일로 유학 온 유학생까지도 동등하게 무상교육을 받을 수 있다.

한국은 북유럽의 모델을 그대로 따라가기에는 무리이다. 왜냐하면 축적해 놓은 대외순자산이 적기 때문이다. 그래서 대안으로 제시하고자 하는 것은 대외순자산을 활용하여 얻은 이익 중 일부를 청년과 서민들의 주거 복지에만 최우선 순위로 사용할 것을 대안으로 제시한다.

대외순자산을 활용한 주거 복지에 투자(제안)

대외순자산 사용 모델(예시)

독일(8,500만 명: 대외순자산 2조 9,000억 불/청년과 서민사용 150억 불/년)

한국(5,200만 명: 대외순자산 9,800억 불/청년과 서민사용 **50억 불 = 7조 원/년**)

인구 8,500만 명의 독일은 대외순자산이 2조 9,000억 달러인데 여기에서 나오는 이익 중에 약 150억 불을 독일의 청년과 서민들의 주거 복지에 사용한다. 매년 공공임대주택을 10만 채씩 지어 아주 저렴한 임대료로 공급한다. 우리나라의 대외순자산은 2025년 1월 현재 약 1조 달러이다. 만일 독일의 대외순자산과 같은 비율을 우리가 사용한다면 약 50억 달러가 될 수 있다.

목적세(가칭: 국민주택복지기금)의 신설과 의의

2024년 현재 한국 법인세 수입은 약 70조~80조 원 정도이다. 즉 법인세의 10% 정도를 주거 복지 기금으로 사용하자는 것이다. 대외 순자산을 활용한다는 취지에서 외국에 투자한 국내 법인들에 한정해서 해당 해외 법인의 자산, 즉 시설투자, 채권, 주식 투자 등에서 얻은 이익과 이자와 배당금을 정산해서 '목적세' 개념으로 기존에 납부했던 법인세의 약 10% 정도를 원천 징수한다. 기업은 목적세(가칭: 국민주택복지기금)로 선납하되, 법인세 결산 시에 선납한 목적세 금액만큼은 법인세에서 차감해 준다. 이렇게 기금을 마련해서 이 기금을 활용하여 국민의 주거 복지를 크게 향상시킬 수 있다.

목적세 신설의 가장 큰 의의는 청년과 서민들의 주거 안정성을 확보하는 것이다. 목적세를 통해 마련된 기금은 청년, 신혼부부, 저소득층 등 주거 취약 계층에게 저렴한 주거환경을 제공함에 있다. 서민들의 생활비 중에 주거 관련 임차료나 은행 대출이자가 차지하는 비중이 작지 않다. 따라서 저렴한 주거환경을 제공하는 것은 가계에서 소비를 늘릴 수 있는 여지가 생기고, 이는 곧 곧 소비 확대와 경제성장의 기반이 될 수 있다. 또한 주거 관련 인프라 구축은 새로운 일자리를 창출하고, 지역 경제 활성화에 기여할 것이다. 국민주택복지기금은 국민에게 그 사용 내역을 투명하게 공개하고 정기적인 감사와 평가를 통해 기금 운영의 공정성을 보장해야 한다. 국민이 직접 이 기금의 운용 계획에 참여할 수 있는 시스템을 마련하여, 국민의 의견을 반영하고 신뢰를 구축해야 한다. 기금은 특정 계층이나 지역에 편중되지 않도록 평등하게 배분하여 모든 국민이 혜택을 받을 수 있도록 해야 한다.

'국민주택복지기금'으로 서민의 주거 마련에 금리 지원

정부에서 기존에 주택정책과 관련해서 운용되고 있는 것으로 '주택도시기금'이 있다. 2022년에 약 200조 원 정도인데 국민주택 채권을 발행해서 확보한 자금(67조 원)에다가 청약저축의 적립금(91조 원)과 적립금+잉여금(33조 원)을 합한 금액이다. 이 기금을 운용해서 공공주택을 건설해서 공급한다. 영구 임대, 국민임대, 행복주택, 10년 임대, 장기 전세, 기존주택 전세임대, 기존주택 매입임대 등으로 주택을 공급하고 있고, 이와 별도로 전세자금 융자지원, 분양 자금 융자지원을 한다. 2030 청년들이 정해진 소득 기준에 맞으면 '최초 생애주택' 구입 시에 융자 금리를 시중금리보다 아주 낮은 조건으로 금리 지원을 하고 있다.

기존에 주택정책으로 시행되고 있는 것과는 별도로, 대외순자산을 활용해서 목적세로 확보된 '국민주택복지기금'은 대상자가 공공임대나 일반주택을 임차해서 입주하려 할 때에 임차료의 일부를 지원하거나, 임대보증금의 융자 금리로 지원하거나 주택을 공공분양이나 민간 분양에 대한 융자 금리로 지원할 수 있다. **주로 시중금리보다 파격적인 저금리로 보전하여 서민 가계의 주거비 부담을 줄여줄 수 있다.** 2030 청년들이 '생애최초주택 마련 융자'를 받을 때 시중금리보다 아주 낮은 금리로 지원받는 것에 대해 호응이 높다. 따라서 2030 청년들, 신혼부부들과 서민 가구에 대해서 '국민주택복지기금'으로 금리를 지원하거나 임대료 일부를 지원하는 정책도 서민과 취약층의 주거 안정에 효과적일 것이라고 판단된다.

매년 '국민주택복지기금'으로 확보할 수 있는 금액을 7~10조 원(법인세의 10% 정도)이라고 가정해서 어느 정도의 가구 수를 지원할 수 있을지 개략적으로 계산해 본다. 국민주택규모(85m+2, 25.7평)로 전세보증금이 2억 원, 분양가로 4억 원으로 가정한다면, 이때 보증금의 1/2, 분양금의 1/2을 정부에서 이 복지 기금으로 지원한다고 가정할 때 각각 몇 세대가 금리 혜택을 볼 수 있을지 개산(槪算)해 보자.

사례 1) 임대주택의 경우

시중금리를 4%/1년으로 하고, 국민주택복지기금의 융자 보전을 +3%로 한다면, 실제로 입주하는 가구는 1%의 금리만 부담하면 된다.

예를 들어, 2억 전세보증금의 1/2는 자기 부담이고, 잔여 1/2(=1억 원)은 '국민주택복지기금'으로 융자지원을 받는다면, 1억 원×0.03 = 300만 원, **25만 원/월의 이자를 국가에서 부담**하게 되는 것이다. 1억의 자기 돈을 준비한 가구가 2억의 전세 주택에 입주하면, 1년에 100

만 원(8만 4,000원/월)의 이자만 부담하게 되므로 실질적으로 가계에 적지 않은 도움이 될 수 있다.

즉 매년 국민주택기금 7조 원을 전부 임차보증금의 지원으로 사용한다면 1억에 대한 3% 금리 지원을 받을 수 있는 가구 수는 국민주택기금/금리 혜택을 받을 수 있는 1가구의 이자 = 7조 원/300만 원 = 233만 가구가 된다. **금리 혜택을 받을 수 있는 가구 수: 233만 가구**

사례 2) 분양 주택의 경우

시중금리를 4%/1년으로 하고, 국민주택복지기금의 융자 보전을 +3%로 한다면, 실제로 입주하는 가구는 1%의 금리만 부담하면 된다.

예를 들어, 4억 분양대금의 1/2는 자기 부담이고, 잔여 1/2(=2억 원)은 '국민주택복지기금'으로 융자지원을 받는다면, 2억 원 × 0.03 = 600만 원, **50만 원/월의 이자를 국가에서 부담**하게 되는 것이다.

2억의 자기 돈을 준비할 수 있는 한 가구가 4억의 분양 주택에 입주하면, 1년에 200만 원(16만 8,000원/월)의 이자만 부담하게 되므로 실질적으로 가계에 큰 도움이 될 수 있다.

즉 매년 국민주택기금 7조 원을 전부 분양 대금의 이자 지원으로 사용한다면 2억에 대한 3% 금리 지원을 받을 수 있는 가구 수는 국민주택기금/금리 혜택을 받을 수 있는 1가구의 이자 = 7조 원/600만 원 =

116만 가구가 된다. **금리 혜택을 받을 수 있는 가구 수: 116만 가구**

위에서 살펴본 바와 같이 대외순자산을 활용해서 목적세로 적립할 수 있는 '국민주택기금'의 7조~10조 원은 청년과 신혼부부, 서민 가구의 주거 마련에 큰 도움이 될 수 있고, 우리나라의 대외순자산은 상당 기간 경상수지 흑자가 예상되는 상황에서 목적세인 '국민주택기금'도 덩달아 늘어날 수 있다. 따라서 시급하게 정책을 수립하고 시행해야 한다. 아무튼 이러한 정책의 실행에 관한 사항은 '국민주택기금 운용위원회'가 구성되어서 국민의 의견을 반영하여 정해나가면 된다.

'국민주택복지기금' 명목으로 확보되는 목적세는 기존 법인세에서 차감되므로, 기업의 세금 부담을 크게 증가시키지 않으며, 경제적 안정을 유지할 수 있다. 대외순자산의 이익을 국내에 환원함으로써, 국가 경제에 긍정적인 영향을 미치고, 국민의 삶의 질을 높이는 데 기여할 것이다. 목적세를 통해 마련된 기금은 현재뿐만 아니라 미래 세대의 주거 복지와 경제적 안정성을 보장하는 데 중요한 역할을 할 수 있다.

'국민주택복지기금'의 활용법

빌라 전세사기를 당한 사람들이 수만 명이 넘는다. 아마도 제대로 피해 상황을 다 집계한다면 수십만이 될 수도 있다. 피해자 중에는 전세사기 피해당한 억울함과 분함과 절망으로 자살한 사람들도 적지 않다. 빌라 전세사기는 개인 간의 상거래에서의 사기가 아니다. 임대주가 아주 소액으로 빌라를 사고 나머지 차액은 세입자에게 전가하는 소위 '무자본 갭 투기'를 하면서 빌라의 실제 가치보다 더 비싸게 전세를 내놓고 세상 물정을 모르는 어리숙한 새내기 청년들과 서민들이 주로 걸려들었다. 여기에 악덕 부동산 중개업자들도 끼어들었다. 아파트는 시가를 누구나 알 수 있도록 인터넷 등에서 정보제공이 잘되지만 빌라는 그렇지 못했던 것이 전세사기가 일어나게 된 요인이다. 다시 말해서 정확한 부동산 가치를 누구에게나 알 수 있도록 사전에 제공해 주지 못한 정부의 책임은 회피할 수 없다.

이 지경에 이르기까지 정부의 담당 공무원들은 무슨 일을 했는가? 빌라 전세사기를 제대로 관리하지 못했다는 질책을 받아 공무원이 파면되거나 형사처벌 되었다는 이야기를 들은 적이 없다. 왜 힘없고 약하디약한 새내기 청년들과 서민들만 피해를 당해야 하나? 먹을 것 안 먹고 쓸 것 안 쓰고 겨우 모은 전 재산을 사기꾼에게 날리고 절망해서 스스로 목숨을 끊었다. 왜 국가는 이러한 약자들을 제대로 지켜주지 못하는가? 국가는 국민을 보호하지 못한 책임을 져야 한다. 전세사기 피해자들을 돕기 위한 특별대책을 마련해야 한다. 그들에게 저리로 융자지원도 하고, 필요하다면 임시거처도 무상으로 마련해 주어야 한다. 그들에게 공공임대 아파트 입주권도 주고, 공공주택 분양받을 특별 기회도 주어야 한다. 빌라를 수십, 수백 채를 가진 임대주들은 세입자가 전세금 반환을 요청하면 상환능력이 있는지 전수조사해서 깡통 임대업자들은 퇴출하고 해당 주택을 정부에서 매입해서 구조개선 사업을 해야 한다. 매입 후 임대나 매입 후 분양으로 전환 시켜 손실을 최소화해야 한다. 이 구조개선 사업에 투입되는 비용은 '국민주택복지기금'에서 쓰는 게 좋다.

경상수지 흑자를 나라 밖으로 퍼내야 하는 이유

정부는 2023년부터 국내 주식에 투자하는 개인 투자자들에게 주식 양도차익에 세금을 부과하려고 했으나 1년간 유예했다가 여당은 해외 주식 투자자 과세를 폐지하기로 선언했다. 야당은 처음에는 "소득이 있는 곳에 세금이 있다."며 극렬하게 반대했지만 1,500만 주식 투자자들의 비판에 몰려서 결국에는 해외금융 투자 이익에 대한 과세법안을 폐기 처리했다. 1,500만 표라면 대한민국의 정치에서 여당과 야당을 갈라놓는 무시무시한 힘이기 때문에 야당은 결국 표 앞에서 무릎 꿇은 모양새이다. 그러나 여야를 떠나 오직 국민의 민생 안정이라는 절대 명제로 보더라도 현재의 경제 상황에서 해외 금융투자 이익에 대한 과세는 하책 중의 하책이다. 왜냐하면 해외 금융투자에 대해 과세하면 해외 금융투자는 줄어들고 대신에 국내 부동산 투자에 매달리게 된다. 이 방향은 필연코 아파트와 땅 투기로 연결된다. 돈은 어디에 투자하든지 간에 계속해서 늘어나야 한다는 강박감을 가지고 있다. 은행에 예금해서 이자 받는 것으로 만족할 사람들이 많지 않다. 최소한 은행 예금금리보다는 더 벌기 위해 골몰할 것이고 해외 금융투자가 어려우면 결국 국내 아파트 투기에 몰두한다. 결과적으로 집값이 폭등해서 집 없는 서민들은 절망에 빠질 것이다. 내 집 없는 서민은 이 사회체제에 대한 불만으로 반체제 세력이 되며 한국의 자유민주 사회의 존립이 위협받는 상황으로 몰리게 된다.

옛날 전라도 고부군수 조병갑의 폭정으로 농민에 대한 착취가 동학혁명의 시발점이 되었듯이 오늘날에는 아파트값과 물가 폭등은 또 다른 서민 혁명의 시발점이 될 수도 있기 때문에 경계해야 한다. **우리나라 산업구조와 산업 경쟁력은 국제 경쟁력이 있어서 전 세계적인 경기침체와 금융공황만 없다면 무역흑자와 경상수지 흑자가 계속 늘어날 것**이다.

대외순자산이 2025년 1월 현재 약 1조 달러 수준이다. 여기에서 나오는 이자와 이익배당도 엄청나서 무역은 적자가 나더라도 경상수지는 흑자가 계속될 것이다.

게다가 2024년에 외국인이 한국에 투자한 자본투자도 사상 최대로 350억 달러를 기록했고, 무역흑자와 경상수지 흑자의 누적은 결국 국내의 전반적인 물가를 끌어올려서 벌써 살기 힘들다고 여기저기서 난리이다.

따라서 **물가를 진정시키고, 집값을 안정시키려면 국내에 쌓인 돈을 나라 밖으로 퍼내야** 한다. 정부는 개인과 기업이 해외투자에 관심을 가지도록 홍보와 교육, 정책적인 지원을 해야 한다. 해외 주식 직접투자와 간접투자 펀드의 투자 한도도 경상수지 흑자가 늘어나면 해외투자 한도도 늘리고 경상수지가 적자로 되면 해외투자 한도를 줄이는 조정을 통해서 물가안정으로 국민 생활이 안정되도록 관리해야 한다.

서학개미들은 자신의 이익을 위해 투자한다. 그들이 원화를 외화로 바꿔서 해외 주식을 사면, 시중의 돈이 해외로 나가서 아파트 가격이 오르는 걸 막아준다.

국제 금융 위기가 발생하면 외국 투자자들이 한국 주식과 채권을 팔아서 원화 환율이 오르는데 서학개미들은 반대로, 원화 환율이 오르면 해외 주식을 팔고 외화를 원화로 바꾼다. 그래서 서학개미들은 국제 금융 위기 때 원화 환율을 안정시켜 준다. 정부가 서학개미들의 해외 주식 투자에 대한 비과세 한도를 늘려서 더 많이 투자하도록 장려해야 하는 까닭이 여기에 있다. 다시 말해서 서학개미들이 대한민국의 거시경제의 안전판 역할을 톡톡히 할 수 있기 때문이다.

해외투자를 한다면 어느 분야에 투자해야 하나? 우리와 자녀 세대의 미래를 위해 투자자금 손실 없이 성장이 보장되는 분야에 투자해야 한다. 지구온난화로 인한 기상 재해가 우리의 삶을 위협하고 있으니까, 이를 해결할 수 있는 식량과 에너지 분야에 우선적으로 투자해야 한다.

식량과 에너지 분야

세월이 지나면 지날수록 기후 변화와 기상 재해로 농작물이 피해를 입어 수확이 줄어들 수밖에 없다. 이런 상황에서 국제적인 식량 파동이 언제든지 일어날 수 있고, 곡물 가격 급등은 모두의 삶이 위협받을 수 있다. 현재 우리나라의 식량 자급률은 50% 미만이고, 식량안보 지수도 낮다. 기후 변화와 지구온난화 때문에 이상 기후가 일상화되고 이런 상황에서 식량 파동이 일어날 가능성은 점점 높아지고 있다. 정부는 식량안보를 위해 어떻게 선제적으로 식량을 확보하고 대체 식량을 개발할지 고민하고 준비해야 한다. 대체 식량을 개발하는 업체에 선제적으로 투자하는 것도 필요하다. 예를 들어, 포스코 인터내셔널이 우크라이나에서 밀 7만 톤을 국내로 처음 수입한 것도 식량안보 차원에서 칭찬받아야 한다. 이런 상황에서 정부는 주요 곡창지대 가까운 항구에 곡물 터미널을 확보하고 운영하는 사업에 선제적으로 투자해야 한다. 국민의 식량을 확보하는 데 있어서 민간 회사들에만 맡겨서는 안 된다. 경상수지 흑자로 쌓인 돈을 가지고 식량과 에너지를 확보하기 위해 해외부동산과 국제적인 기업들을 사들여야 한다. 또한 정부는 동남아시아 여러 나라와 합작으로 농지를 개간하거나 토지를 빌려 우리의 영농 기술과 현지인의 노동력으로 경작한 식량을 해외로 직수출하거나 국내로 들여오는 준비도 필요하다.

전기차 시대가 오고 기후 환경 보호를 위해 탄소 제로화가 전 세계적으로 일어나고 있지만, 여전히 우리의 일상은 석유와 천연가스에 의존하고 있다. 앞으로 20~30년 정도는 원자력과 석유, 천연가스를 대체할 주요 에너지원이 없을 거다. 태양광과 풍력 같은 에너지는 보조 에너지에 불과하다. 원자력발전을 정지시키고 풍력에너지 발전으로 전환했던 독일, 이탈리아, 영국, 스위스, 네덜란드가 바람 부는 날이 적어지자 거의 2년 만에 전력 가격이 최고 수준을 기록하는 바람에 국민이 난방비를 걱정하느라 2024년 추운 겨울을 보내고 있다. 낮은 풍속으로 인해 풍력발전이 제대로 되지 않은 탓이다. 어떻게 태양광과 풍력이 주 에너지원이 되겠는가? 여전히 주 에너지원은 원자력과 석유, 천연가스이다. 따라서 이러한 에너지를 확보하고 저장할 시설투자에 경상수지 흑자를 사용해야 한다.

식량과 에너지 저장시설에 투자해서 재난 발생 시 국가적인 필요에 대비해야 한다. 식량, 에너지, 물류센터, 항만, 공항 터미널, 바이오, 백신, 생명과학, AI, 빅데이터 산업 등 국가안보와 국민 생명보호에 관련된 분야에 투자해야 한다.

해외부동산 투자에 있어서 부실 투자를 막기 위해서는 현지 자산의 실사와 리스크 평가를 철저히 해야 한다. 경우에 따라 국제적인 부동산 평가기관의 자문을 받아 진행하는 것이 좋다. 우리나라는 최근에서야 본격적으로 해외투자에 나서고 있다. 그동안 대기업들이 해외에 공장을 설치하고 생산하는 투자는 많이 해왔지만, 외국 기업을 인수하고 해외부동산과 시설에 투자하는 것은 최근에 늘어나고 있다. 그러다 보니 해외투자 경험이 풍부한 전문가가 절대적으로 부족하다.

따라서 해외투자 전문가를 정부 주도로 양성해서 기업을 지원할 필요가 있다.

기업 인수합병의 활성화

미국의 기업 인수합병(M&A) 활성화 정도를 100으로 본다면, 한국의 활성화 정도는 약 40-50 정도로 평가할 수 있다. 한국은 최근 몇 년간 M&A 활동이 증가하고 있지만, 여전히 미국에 비해 활성화 정도가 낮다. 이렇게 활성도가 낮은 이유로 세 가지를 꼽을 수 있는데 첫째로 우리나라는 대기업의 인수합병에 대한 규제가 강해 공정거래위원회와 금융위원회 등의 감독 기관이 엄격한 심사를 진행한다. 이러한 규제가 기업들이 인수합병을 추진하는 데 있어 큰 장벽이 되어왔다.

둘째로 국내시장 규모가 작고, 셋째로 미국처럼 도전과 혁신적인 경영 문화가 아니라 보수적이며 안정적으로 본업에서만 성장하려는 가족 경영과 같은 전통적인 기업 구조가 많기 때문이다.

그렇지만 이제는 **우리나라의 장래를 이제까지의 방식대로 제조와 수출에만 의지하는 정책은 점점 한계에 도달**하고 있다. 기업 인수합병과 서비스와 금융산업, 자본 투자사업으로 눈을 돌려야만 살 수 있다.

기업 인수합병이 우리 경제에 미치는 긍정적인 영향

기업 인수합병은 **기업들이 규모의 경제를 실현하고, 비용 절감과 효율성**을 높이는 데 큰 도움이 된다. 경영자원을 효율적으로 배분하고, 중복된 자원을 통합하여 운영 효율성을 극대화하여 **글로벌 시장에서의 경쟁력**을 강화할 수 있다. 예를 들어, 미국의 마이크로소프트가 링크드인을 인수한 사례를 보면, 마이크로소프트는 링크드인의 방

대한 사용자 데이터를 활용하여 새로운 비즈니스 기회를 창출하고, 클라우드 및 엔터프라이즈 사업을 강화할 수 있었다. **고용 창출에 중요한 역할**을 하기도 한다. 예를 들어, 미국의 디즈니가 픽사를 인수한 사례를 보면, 디즈니는 픽사의 창의성과 기술력을 결합하여 많은 성공적인 애니메이션 영화를 제작하고, 이를 통해 많은 일자리를 창출할 수 있었다. 또한 기업 인수합병은 **글로벌 네트워크를 강화하는 데 중요한 역할**을 한다. 예를 들어, 영국의 BP가 미국의 아모코를 인수한 사례를 보면, BP는 글로벌 에너지 시장에서의 입지를 강화하고, 석유 및 가스 산업에서 경쟁력을 높일 수 있었다.

이러한 성공적인 인수합병은 우리나라 기업들도 **글로벌 시장에서 경쟁력**을 높이는 데 큰 도움이 될 것이다. 또한, 기업 인수합병은 **기술 혁신을 촉진**하는 중요한 역할을 할 수 있다. 일본의 소프트뱅크가 영국의 반도체 설계 회사인 ARM을 인수한 사례를 보면, 소프트뱅크는 ARM의 기술력을 바탕으로 IoT(사물인터넷) 및 AI(인공지능) 분야에서 경쟁력을 높일 수 있었다. 우리나라 기업들도 인수합병을 통해 최신 기술을 확보하고, 혁신을 촉진하여 세계 시장에서 경쟁력을 강화해야 한다.

기업 인수합병은 또한 **시장 점유율을 확대**하는 데 중요한 역할을 한다. 인수합병을 통해 기업들은 새로운 시장에 진출하거나 기존 시장에서의 점유율을 확대할 수 있다. 프랑스의 다농이 미국의 화이트 웨이브를 인수한 사례를 보면, 다농은 건강식품 및 유제품 사업을 강화하고, 글로벌 시장에서의 입지를 확대할 수 있었다. 또한, **한국이**

국제 기업 인수합병에 적극적으로 나서야 하는 중요한 이유 중 하나는 개발도상국들의 저가 상품 때문에 점점 가격경쟁력을 잃고 있는 상황에서, 이러한 시장을 개발도상국에 내어주는 대신에 미래의 성장 산업 분야의 국제적인 기업을 인수하여 국가 전체의 산업 분야를 고도화하고, 국가 산업 체질을 전환해야 한다는 점이다.

국제적인 인수합병에서 성공을 위한 사전 준비

첫째, **철저한 시장 조사와 분석**: 인수합병을 추진하기 전에 목표 시장의 특성과 경쟁 상황을 철저히 조사하고 분석해야 한다. 이를 통해 시장의 기회와 위협을 파악하고, 전략을 수립할 수 있다.

둘째, **법적인 문제를 사전 검토**: 인수합병 과정에서 발생할 수 있는 법적 문제를 사전에 검토하고, 필요한 법적 절차를 준수해야 한다. 이를 통해 인수합병 후의 법적 분쟁을 예방할 수 있다.

셋째, **문화적 통합 전략이 필요**: 인수합병 후에는 서로 다른 기업 문화가 충돌하지 않도록 통합 전략을 마련해서 인수합병 후의 조직 내 갈등을 최소화하고, 시너지를 극대화할 수 있다.

넷째, **국제적인 기업 인수합병의 전문가들의 양성**: M&A 전문가 양성을 위한 교육 프로그램은 재무 분석, 법률 지식, 협상 기술, 산업 분석 등 다양한 분야를 포괄해야 한다. 이를 통해 전문가들이 M&A 과정 전반을 이해하고, 필요한 기술을 습득할 수 있다. 또한 네트워킹과 멘토링 프로그램을 강화해야 한다. 경험 많은 M&A 전문가들이 신입 전문가에게 멘토링을 제공하여, 실무 경험과 노하우를 전수할 수 있도록 해야 한다. 그리고 지속적인 학습과 업데이트가 필요하다. M&A

분야는 끊임없이 변화하고 있으므로, 최신 동향을 파악하고 지식을 업데이트하는 것이 중요하므로 이를 위해 정기적인 세미나, 워크숍, 콘퍼런스 등을 개최하여 전문가들이 최신 정보를 습득할 수 있도록 해야 한다. 기업 인수합병을 위해 이 일에만 전담하는 부서가 신설되어 법과 제도가 준비되고, 다양한 교육 프로그램과 재정 지원이 선결되어야 한다.

다섯째, **이업종(異業種) 교류의 활성화로 기업 인수합병을 위한 내공을 쌓아야**: 일본이 우리나라보다 기업 인수합병에서 개방적으로 된 것은 일본 정부와 지역 기관들은 이(異)업종 교류회를 적극적으로 지원했기 때문이었다. 이를 통해 기업들이 필요한 자원을 제공받고, 다른 기업과의 협력의 기회를 확대할 수 있었다. 이업종 교류회는 정보 교환형, 경영자원 상호 이용형, 신제품 개발형 등 다양한 형태로 운영되고 있는데 이를 통해 기업들은 서로의 장점을 공유하고, 새로운 아이템을 공동으로 연구·개발할 수 있는 분위기가 형성되었다. 기업 인수합병을 남녀 간의 결혼이라고 비유한다면 이(異)업종 교류회는 남녀 간의 데이트와 같다. 데이트를 통해 남녀 간에 서로 알아가야 결혼에 골인할 수 있듯이 이업종 교류회를 통해서 상대방의 회사를 알아가면서 함께 합작투자를 하거나 합병하려는 욕구가 생기게 된다.

이(異)업종 교류회를 통해 다양한 업종의 기업들이 협력하여 신규 사업을 창출하게 되는 것은 기존 사업과의 시너지를 통해 사업 성장을 도모하는 데 큰 도움이 되기 때문이다. 이업종 교류회를 통해 기업들은 서로의 기술을 융합하여 새로운 기술을 개발하고, 이를 통해 경쟁력을 강화하는 동안 자연스럽게 기업들은 인적 네트워크를 구축하고,

이를 통해 경영 정보와 기술 정보를 교환하게 된다. 이는 결과적으로 기업들의 성장과 발전에 큰 도움이 되었고 기업들의 혁신과 성장을 촉진하는 중요한 역할을 하게 되었다. 미국과 유럽의 선진국들이 대부분 도쿄에 아시아 지역본부를 세우고 일본을 통해서 아시아 시장에 접근하고 있는 이유는 일본이 아시아에서 처음으로 선진국의 반열에 들기도 했지만 일본 시장도 크고, 수십 년간 일본 상사들이 아시아의 자원과 금융시장에서 큰손의 역할을 해왔기 때문에 일본과 손잡고 아시아 시장의 기업 인수합병에 투자하는 것이 안전하고 수익성이 높았다는 방증이기도 하다. 사례를 보면,

1) 도요타와 파나소닉

도요타와 파나소닉은 이업종 교류회를 통해 협력하여 전기차 배터리 개발에 성공했다. 도요타의 자동차 제조 기술과 파나소닉의 배터리 기술을 결합하여 고성능 전기차 배터리를 개발하였고, 이를 통해 전기차 시장에서 경쟁력을 확보할 수 있었다.

2) 히타치와 다이킨

히타치와 다이킨은 이업종 교류회를 통해 협력하여 에너지 효율적인 공조 시스템을 개발했다. 히타치의 전자 기술과 다이킨의 공조 기술을 결합하여 고효율 공조 시스템을 개발하였고, 이를 통해 에너지 절약과 환경 보호에 기여할 수 있었다.

3) 소니와 혼다

소니와 혼다는 이업종 교류회를 통해 협력하여 자율주행차 기술을 개발했다. 소니의 센서 기술과 혼다의 자동차 제조 기술을 결합하여

자율주행차의 안전성과 성능을 향상해서 이를 통해 자율주행차 시장에서 경쟁력을 확보할 수 있었다.

이러한 사례들은 이업종 교류회를 통해 서로 다른 업종의 기업들이 협력하여 혁신적인 제품을 개발하고, 동반성장을 이루는 데 중요한 역할을 하고 있음을 보여준다.

산업통상부와 중기벤처부에 '기업 인수와 합병'을 전담하는 부서가 설립되어 그곳에서 먼저 국내에서의 이업종 교류회를 활성화해서 기업 인수합병을 위한 내공을 쌓길 바란다.

결론: 공정한 사회와 혁신의 미래

공정한 사회와 혁신은 대한민국이 선진국으로 나아가는 길에 중요한 디딤돌이다. 공정한 사회는 모든 국민이 동등한 기회를 가지며, 정의와 평등의 가치를 실현하는 사회이다. 혁신적인 사회는 지속적인 발전과 성장을 추구하며, 창의성과 도전 정신을 바탕으로 새로운 아이디어와 기술을 도입해 사회적 가치를 창출하는 사회이다. 한국은 이러한 공정과 혁신을 통해 미래로 나아가야 한다. 공정한 사회를 실현하기 위해 다양한 정책을 마련하고, 로스쿨 제도와 대학 입시 제도를 개선하며, 노동의 이중구조를 해결하는 노력이 필요하며 더불어, 정부와 교육시스템, 기업의 역할을 명확히 하여 혁신을 촉진하고, 중산층을 확대하는 정책을 추진해야 한다. 공정한 사회와 혁신의 결합은 우리의 미래를 밝게 만든다. 국민이 모두가 힘을 합쳐 공정하고 혁신적인 사회를 만들어 나가야 한다. 이를 통해 우리는 더 나은 대한민국을 향해 나아갈 수 있다.

부록:
저자 이야기

나는 경기도 화성시 향남읍 장짐리에서 태어났다. 장짐리는 발안 읍내에서 약 2킬로미터 떨어진 작은 마을로, 100가구도 안 된다. "장 씨네 집이 많은 동네"라는 뜻의 장짐리(장짐리)는 인동장씨 태상경공 파의 집성촌이다.

마을 뒤 선산에는 조선 초기 이후부터 조상들의 묘가 있다. 내 할아버지(장경수)는 삼 형제 중 막내로 농사를 지었다. 할아버지는 1남 5녀를 두었고, 아버지(장준환)는 다섯째로 태어난 아들이다. 아버지는 딸 많은 집안의 외아들로 유복하게 자라 농사에는 관심 없었고, 편하게 학교 다니며 지냈다. 대학에서는 토목공학을 전공했지만 한량으로 지내며 지역선거에도 출마했지만 낙선해 가세가 기울었다.

나는 5남 1녀 형제 중 셋째이자 차남으로 태어났다. 가세가 기울자 아버지는 농토를 팔아 빚을 갚고, 내가 네 살 때 가족 모두 서울 종로구 창신동으로 이사했다. 변변한 직장도 없이 자식들을 데리고 서울에서 살림을 시작한 부모님은 하루하루 생존을 위해 사투를 벌였다. 40대 초반인 아버지는 번듯한 직장에 취업하기 어려웠다. 아버지는 지인의 소개로 건설업체의 도로포장 공사 현장감독 일을 했지만, 일이 꾸준하지 않았다. 아버지는 생활력은 약했지만 다정다감한 분이었다. 항상 책을 손에 놓지 않고 위인들의 삶을 이야기하는 걸 좋아했다.

어느 겨울 방학 때 아버지와 고향에 갔을 때, 친척 집 사랑방에서 아버지의 김유신 장군 이야기를 들으며 즐거워하는 동네 어른들의 모습을 보며 아버지가 멋져 보였다. 어린 시절 창신동에서는 호롱불을 켜고 지냈고, 가족 모두 자리에 누워 아버지의 이야기를 듣는 걸 좋아했다. 김유신 장군, 이순신 장군, 전우치, 홍길동 이야기를 들으며 잠들곤 했다. 아버지는 좋은 분이셨지만, 가족이 배고픈 건 어쩔 수 없었다. 어머니는 인조 가발 장사도 하고, 골동품을 사서 인사동에 팔기도 했다. 온 가족이 밤늦도록 봉투 붙이는 일을 하기도 했다. 나는 초등학교 3, 4학년 때부터 중학교 2학년 때까지 방학 때는 돈 벌러 다녔다. 아이스 케키 장사, 신문팔이, 껌이나 엿 팔기, 비가 오면 우산 팔기, 신문 배달 등을 했다.

1968년 1월 21일 북한 무장 공비가 청와대를 습격했을 때, 광화문 동아일보사 앞에서 시민들에게 호외를 나누어 주던 기억이 있다. 당시 광화문의 신문팔이들은 동아일보사 정문에서 신문을 받아다 주는 총무에게 필요한 부수만큼 신청하고 대금을 선불한 뒤 신문을 배급받았다. 나는 신문을 받자마자 다방이 많은 거리로 달렸다. 다방에서 신문을 빨리 파는 게 승부였기 때문에 부지런히 뛰어다니면 하루 일당을 벌 수 있었다.

당시 가장 인기 있던 석간신문은 《동아일보》였고, 그다음으로 《중앙일보》, 《경향신문》, 《대한일보》, 《신아일보》, 《서울신문》 순이었다. 《조선일보》와 《한국일보》는 조간신문이었고, 종로 광화문 일대의 다방에는 브로커들이 하루 종일 앉아 있었다. 사업 상담은 유선전화로 가능한 다방에서 이루어졌다. 그래서 다방의 카운터를 담당하던 마담이 "김 사장님! 전화 왔습니다."라고 외치면 이곳저곳에서 사람들이 손을 들고 자기한테 온 전화인 줄 알고 전화 받으려고 일어섰다. 그러면 마담은 "동대문에서 오신 김 사장님이요." 이렇게 하면 일어서려던 여러 사람 중에 한 사람이 카운터로 와서 전화를 받곤 했다.

신문은 세상 물정과 새로운 사업 정보를 얻을 수 있는 유일한 매체였기 때문에 다방에서 잘 팔렸다. 손님들이 《동아일보》를 다 읽고 나서 《중앙일보》나 《경향신문》으로 바꿔주기도 했다. 깨끗한 《동아일보》를 받고 덜 팔리는 신문으로 바꿔주는 것은 좋은 거래였다. 신문을 팔다가 갑자기 소나기라도 후두둑 떨어지면 신문이 비에 젖게 된다. 그런데 이때에도 살길이 있다. 신문팔이 형들을 따라 재빠르게 비닐우산 도매상으로 달려간다. 당시에 종로, 명동 골목에는 비닐우산 도매상이 있어서 그곳에 신문을 맡겨두고 비닐우산을 떼어다가 파는 것이다. 갑자기 소나기가 쏟아졌으므로 난감하게 된 행인들에게 부지런히 뛰어다니면 하루 일당벌이로 충분했다. 아무튼 광화문과 종로, 명동거리, 동대문의 수많은 다방을 들락거리며 신문을 팔아서 번 돈을 가지고 창신동 꼭대기 무허가 판잣집으로 귀가하던 일이 초등학교 어린 시절 방학 기간의 나의 일상이었다. 그렇게 지내면서도 나는 불행하다고 생각하지 않았다. 물론 방학 동안에 동네 친구들과 함께 뛰어놀 수 있는 시간이 없다는 것이 불만이기는 했어도 가족을 위해 돈을 버는 일은 당연히 해야 할 일이라고 생각했다.

나는 서울 창신초등학교 출신이다. 1970년 6학년 봄 어느 날에 담임선생님이 나의 학급 학생들을 학교 운동장으로 나가라고 하셨다. 우리 학교 재학생 수가 1만 명을 넘어 세계에서 제일 큰 초등학교가 되어서 어린이 잡지사에서 사진 촬영과 취재가 나왔다는 것이다. 이게 무슨 자랑거리라고 친구들과 함께 운동장으로 나가서 사진사 앞에서 폼을 잡고 웃으면서 장난치던 기억이 난다(1970.4.1 현재 122학급, 재학생 수 1만 166명). 베이비붐세대로 태어나 창신동 낙산 꼭대기 무허가 판자촌에서 자라며 2부제, 3부제로 한 학급당 80명의 콩나물 교실에서 배우는 동안 가난을 그저 덤덤하게 받아들이던 그러한 시절이었다.

청량중학교에 입학했다. 중1 때에 신문 배달도 한 적이 있었는데 창신동 시민아파트의 한 고객이 더 이상 신문을 넣지 말라고 하여 신문보급소의 소장님께 보고했더니 고객이 뭐라고 하든지 신문을 계속 넣어야 한다고 막무가내로 우기셨다. 나는 중간 입장에서 이러지도 저러지도 못하는 상황에서 그 집 문에는 차마 신문을 밀어 넣을 수가 없었고, 문 옆에 빗살 모양의 창틀이 보이길래 그곳으로 밀어 넣었다. 한 달이 지나 신문 대금을 받으러 갔더니 그 고객은 크게 화를 내며 문을 열고 집안을 보여주었는데 제가 신문을 밀어 넣은 곳은 바로 욕조였고 결국 모든 신문을 물 가득한 욕조에 던져 넣은 결과가 되어버렸다. 중2 때에는 한 학기 등록금이 밀려서 어머니가 담임선생님께 호출당하셨다. 호출하신 담임선생님 앞에서 어머니는 "저희는 지금 아들의 등록금이 문제가 아니라 온 가족이 끼니 걱정을 하고 있다."고 하시면서 목을 놓아 우셨다. 그러면서 이번 한 번만 도와달라고 도리어 담임선생님께 사정을 하셨다. 우시는 어머니를 보자 담임선생님이 당황한 나머지 자신이 등록금을 대신 내주겠다며 어머니를 달래셨다. 이러한 상황에서 나 자신이 아무것도 할 수 있는 것이 없다는 사실이 스스로에게 커다란 충격이었다. 담임선생님은 학급에서 학기 말 시험 성적표를 나눠줄 때에 성적순으로 10등 아래의 학생들은 그냥 나눠주고 상위권 10명은 10등부터 1등까지 차례로 한 사람씩 이름을 불러가면서 친구들의 박수와 함께 성적표를 주시면서 칭찬해 주셨다. 거기에 다행히 나의 이름이 들어 있었고 선생님이 가장 기뻐하셨다. 나중에는 저를 따로 불러 가정형편이 어렵다고 기죽지 말고 더 열심히 공부하라며 격려해 주셨다. 고맙고 훌륭하신 선생님의 격려에 힘을 얻어 잘못된 길로 빠지지 않을 수 있었던 것 같다.

중3이 되었어도 가정형편은 크게 나아지지 않았다. 제 밑으로 셋의 남동생들이 중1, 초등학교 5학년, 막내가 4살이었다. 가정형편을 잘 아시는 담임선생님이 인문계 고등학교보다 공업계 고등학교로 진학해서 합격하면 3년간 등록금면제 장학생으로 다닐 수 있다고 하시면서 유한공고를 추천해 주셨다. 그래서 유한공고에 지원하여 합격했다. 장학생으로 고등학교 3년을 다니는 동안 부모님이 얼마나 좋아하셨는지 모른다. 없는 살림에 나에게 학비가 들어가지 않으니 대신 동생들을 가르칠 수 있었기 때문이다. 고교 3년을 장학생으로 보내며 가장 감사드릴 분은 고 유일한 박사님이시다. 그분이 미국에서 숙주나물 통조림 캔 사업으로 큰돈을 번 다음 한국에 오셔서 유한양행이라는 제약회사를 차리고 국민 건강을 위해 애쓰셨을 뿐 아니라 가난한 학생들이 학비가 없어 학업을 지속하지 못하는 것을 보고 유한공고를 설립하셨다. 유한양행에서 얻은 기업 수익에서 가난한 학생들에게 장학금을 주셨다. 그분은 세상을 떠나시며 회사 재산을 100% 사회에 환원하셨다. 당신의 딸과 아들이 있었음에도 가족에게 회사를 물려주거나 흔히 하듯이 재단을 만들어 관리하거나 하지도 않으셨다. 특히 자기 아들에게는 너는 대학을 졸업시켰으니 스스로의 힘으로 살아라 하시면서 한 푼도 도와주지 않았다는 사실은 정말로 충격이다. 그분의 유지를 받들어 유한양행은 지금까지도 국민에게 사랑받는 국민 기업이 되었다. 내가 사회에 나와서 살다 보니 그분이 살아오신 발자취와 고귀한 인격에 저절로 머리가 숙여진다. 유일한 박사님을 정말로 존경한다. 엔지니어가 되는 꿈을 이루기 위해 고등학교를 졸업하고 재수해서 한양대학교 기계공학과에 입학했다. 2학년 2학기가 되어서 중간에 휴학하고 입대하는 친구들이 많았는데 나는 리더십도 기를 겸 장교로 입대해야겠다고 마음먹고 학군장교를 지원했다. 대학 졸업 후 학군 20기 병기 장교로 임관되어 군수사령부 예하 부대에서 28개월간 근무했다.